KB203262

창조와 타락으로 본 구속사(개정판)

창조와 타락으로 본 구속사(개정판)

2판 1쇄 발행_ 2020년 1월 28일

지은이_ 강성구

펴낸이_ 이상준
펴낸곳_ 서로사랑
이메일_ publication@seorosarang.co.kr

등록번호_ 제21-657-1
등록일자_ 1994년 10월 31일

전화_ (02)586-9211~3
팩스_ (02)586-9215
홈페이지_ www.seorosarang.co.kr

ⓒ서로사랑 2020
ISBN_ 978-89-8471-340-6 03230

* 이 책은 서로사랑이 저작권자와의 계약에 따라 발행한 것이므로
  본사의 허락 없이는 어떠한 형태나 수단으로도 이 책의 내용을 이용하지 못합니다.
* 잘못된 책은 바꿔 드립니다.
* 가격은 뒤표지에 있습니다.

창조와 타락으로 본 구속사(개정판)

강성구 지음

서로사랑

차례

—

머리말

——

이 책을 쓰기 시작한 지 오래지 않아 뜻밖에도 췌장암 진단을 받았다. 그래서 암을 제거함과 더불어 위와 소장 사이의 여기저기를 잘라내고 봉합하는 대수술을 받았다. 수술 이후 5주 코스의 키모와 방사선 등 항암 치료를 받고 많이 회복되었다. 그러나 2년 만에 암이 재발한 것 같다는 병원 측의 말에 따라 다시 항암 치료를 시작했다. 두 번째 항암 치료는 첫 번째보다 훨씬 힘들었고 장기간 계속되었다. 이 기간 동안 참으로 힘든 나날들을 보내야만 했다. 특히 힘든 것은 죽음에 대한 두려움이나 공포가 아니라, 정말로 참기 어려운 육체적인 아픔과 고통이었다. 이러한 역경 가운데서 나는 임마누엘의 하나님을 의지하면서 건강이 허락하는 대로 일단 시작한 원고를 계속해서 조금씩 써 나갔다. 이 책은 역사에 꼭 남겨 놓고 가고 싶은 마지막 책이기 때문이다.

이 책을 쓰면서 영국 셰필드대학교의 로저슨(J. W. Rogerson) 교수에게 깊은 감사를 드린다. 그는 나의 석사와 박사 학위 논문을 지도해 준 교수다. 셰필드대학교의 석사와 박사 학위 논문이 이 책의 기초를 놓는 데 기여했다. 이 책을 출판해 주신 도서출판 서로사랑의 대표님과 담당 직원들에게도 감사를 드린다. 그리고 마지막으로 공직 생활로 바쁜 가운데서도 이 원고를 타이핑해 주고 교정해 준 사랑하는 아내 박은식의 한없는 수고와 노고에 감사를 드린다. 그녀의 도움이 없었더라면 이 책은 결코 나올 수 없었을 것이다.

나는 이 원고를 마침과 동시에 생의 마지막을 보낼 수 있는 조용한 곳에 가서 기도와 묵상을 하면서 영원한 본향을 위한 마지막 준비를 하려고 한다.

강성구 목사

* 책을 마무리 짓고 영원한 본향에 돌아갈 준비를 하겠다던 저자 강성구 목사는 이 책을 채 마치기 전에 하나님의 부르심을 받아 영원한 본향으로 돌아갔다. 그러나 감사한 것은, 책은 거의 완성된 것이나 다름없었다는 점이다. 들어가는 말로부터 시작해서 19장에 달하는 본문과 에필로그, 심지어 머리말에 이르기까지 모든 내용들이 저자에 의해 완성되었다. 그가 2008년 8월 3일 영원한 본향에 돌아갈 때 이 책은 수정 보완의 단계에 있었음을 독자들에게 알려 드린다.

- 박은식 사모 -

10년이 지난 후

《창조와 타락으로 본 구속사》2판을 내면서

저자 강성구 목사를 주님의 품으로 떠나보내고 난 후 곧 원고 정리에 들어갔다. 비록 저자가 집필을 끝내기는 했지만 잘못된 철자들을 교정하고 각주와 참고 문헌을 점검하는 등 아직 많은 일들이 남아 있었다. 낮에는 직장에 나가 일을 해야 했기에 저녁 시간과 주말 등 제한된 시간 안에서 원고를 살펴야 했다. 참으로 쉽지 않은 작업이었다. 겨우 원고 점검을 끝내고 한국에 나가 그동안 저자의 여러 책들을 출판해 주신 서로사랑에 부탁드려 드디어 2010년 6월 말에 초판이 발간되었다.

초판 원고를 서로사랑에 넘겨주고 미국에 돌아온 직후 영문판을 출간하기 위해 번역을 시작했다. 저자 생전에 영문판 출간을 위해 번역해 놓은 원고들과 따로 적어 둔 노트들을 점검해 가면서 저자의 10주기에 영문판이 출간되는 것을 목표로 삼아 조금씩 그러나 열심히 번역했다. 그러던 중 저자가 남긴 노트들을 점검하면서 초판에는 실리지 않은 여러 기록들을 발견하게 되었다. 가능한 빨리 출판하려는 생각에 여러 중요한 내용들을 빠뜨리는 실수를 하게 된 것이다. 영문판은 저자가 원래 의도했던 것들을 모두 빠짐없이 포함시키려는 목적을 가지고 철저히 점검했다. 그리고 마침내 《Salvation History, In View of Creation and Fall》이라는 제목으로 Covenant Books 출판사를 통해 2018년 10월에 출판되었다. 그 후 초판에서 빠뜨린 내용들을 포함한 수정 보완된 책을 다시 출판해야 한다는 일념으로 영문판의 한글판 번역에 착수했으며, 마침내 2판이 나오게 되었다.

저자가 그의 머리말에 남겼듯이, 이 책은 그가 암과 투쟁하면서 정성을 쏟아서 만든 마지막 책이다. 그는 이 책이 한글판뿐만이 아닌 영문판으로도 출간되어 보다 많은 독자들에게 읽히기를 원했다. 이 책이 마지막 때에 많은 잃어버린 자들을 구원해 하늘나라를 확장하는 일에 사용되기를 원한 것이다.

이 귀한 일들을 하면서 무엇보다도 우리 주님에게 깊은 감사와 찬양을 드린다. 지극히 보잘것없고 능력도 없는 나 같은 존재를 주님의 귀한 도구로 택해서 여러 가지 존귀한 일을 하게 해 주신 그 큰 사랑과 은혜에 그저 감사할 뿐이다. 그리고 이 책을 출판해서 독자들에게 전할 기회를 만들어 주신 도서출판 서로사랑에도 깊은 감사를 드린다.

마지막으로 저자가 애초에 원했던 대로 이 책이 하나님의 구속하시는 사랑과 은혜를 다시 한 번 깨닫고 확인하는 계기를 독자들에게 제공해 줄 뿐만 아니라, 더 나아가 의심하고 방황하는 영혼들을 돌이켜 구원의 길로 인도하는 일에 기여할 수 있게 되기를 진정으로 바란다.

박은식 사모

약어

────

⟨BIBLES⟩

KJV: King James Version

RSV: Revised Standard Version

NIV: New International Version

NASB: New American Standard Bible

Nelson KJV: Nelson King James Version

NKJV: New King James Version

이 책에 나오는 성경 구절들은 기본적으로 개역개정판이 사용되었다.

⟨JOURNALS⟩

JSOT: Journal for the Study of the Old Testament, Sheffield University

JSNT: Journal for the Study of the New Testament, Sheffield University

JBL: Journal of Biblical Literature

⟨MIDRASH RABBAH, the Soncino Press Ltd, London New York 1983⟩

Gen. Rab.: Genesis I

Lev. Rab.: Leviticus

⟨TALMUD Bavli, Mesorah Publication Ltd, New York 2005⟩

Bera: Berachos	Eruv: Eruvin
Git: Gittin	Kesu: Kesubos
Kidd: Kiddushin	Pesa: Pesachim
Rosh: Rosh hashanah	Sanh: Sanhedrin
Shab: Shabbos	Sot: Sotah
Yeva: Yevamos	Yoma

⟨외경(The Apocrypha)⟩

Ecc: Ecclesiasticus or The Wisdom of Jesus Son of Sirach, commentary by J. G. Snaith, Cambridge 1974.

Johar: The Johar, Vol I, tr. by H. Sperling & M. Simon, London 1956.

⟨위경(The Old Testament Pseudepigrapha), ed. by J. H. Charlesworth, New York 1985⟩

Jub: Jubilees

1 Enoch: 1 (Ethiopic Apocalypse of) Enoch

2 Enoch: 2 (Slavonic Apocalypse of) Enoch

Life of Adam & EveLife of Adam and Eve (Vita)

들어가는 말

━━━

독일의 신학자 프란츠 헤세(F. Hesse)는 《*Abschied von der Heilsgeschichte*》(구속사여 안녕)라는 책을 내면서 구속사를 전면 부정한다. 한 수 더 떠서 신학자 마그(V. Maag)[1]는, 구속사를 말하는 자는 '경건한 거짓말쟁이'(Eine fromme Luege)라고까지 한다. 하나님이 역사가 아닌 한 하나님을 역사적인 카테고리로서 이해할 수 없다는 것이다.

이들과는 달리 독일 출신의 구속사 신학자인 호프만(J. C. K. von Hofmann)[2]은 구약성경을 이스라엘 역사의 해석이라고 말한다. 왜냐하면 이스라엘 역사는 하나님의 구속 사건들로 구성되어 있어 객관적인 구속사라고 표현할 수 있기 때문이다. 또한 성경 고고학자이며 구약 신학자인 엉거(M. F. Unger)[3]도, 구약성경은 비록 여러 가지 특성과 가르침을 포함한 모든 문학 형태로 구성되어 있긴 하지만 역사서와 예언서를 막론한 모든 성경이 고도로 전문화된 구속의 역사라고 말한다. 메시아에 초점을 맞춘 예언으로 엮인, 그야말로 메시아 중심의 역사라고 그는 특별히 강조한다. 한 걸음 더 나아가 엘렌(A. J. Ehlen)[4]은, 구약과 신약의 하나님은 그가 지으신 이 세상, 그중에서도 특히 인간들에게 깊은 관심을 가지고 계시다고 말한다. 바꾸어 말하면, 인간의 세상은 하나님의 뜻과 말씀과 행동에 의해 직접적으로 영향을 받는다는 것이다.

결국 그리스도인에게 있어서 구약성경은, 영국의 구약 학자 존 브라이트(J. Bright)[5]가 그의 저명한 저서 《이스라엘의 역사》(은성 역간)에서 언급한 대로 예수 그리스도에게서 그 결론을 찾는 구속의 드라마의 한 부분이다. 달리 말하면, 그리스도와 그의 복음이 바로 구약성경 신학과 역사의 목적지라는 것이다. 한 걸음 더 나아가 구약성경뿐만 아니라 신약성경, 즉 성경의 모든 부분들은 오로지 메시아 예언과 실현에 초점을 둔 구속사를 향해 결집되어 있다고 하겠다.

독일어로 역사에 대한 두 단어가 있다. Historie와 geschichte가 그것이다. 형용사로는 historisch와 geschichtlich가 된다. 19세기 말, 독일 신학자 마틴 켈러(M. Kaehler)는 《Der sogenannte historische Jesus und der geschichtliche biblische Christus》(소위 역사적 예수와 역사적, 성경적 그리스도)라는 책을 썼다. 이 책이 영어로는 《The so-called historical Jesus and historic, biblical Christ》라고 번역되었다. 그러니까 historisch는 historical로, geschichtlich는 historic으로 번역된 것이다. 마틴 켈러의 책은 이 구별하기 어려운 두 단어를 번역하는 데 큰 영향을 주었으며, 이 저서 이후 흔히

들 historie와 geschichte를 이런 식으로 번역하게 되었다.

그렇다면 독일어의 historie와 geschichte의 차이는 무엇인가? Historie는 실제로 일어난 역사인 반면, geschichte는 일어난 사건들에 주관적인 해석이 첨가된 역사다. Historie가 증명이 가능한 객관적인 역사라 한다면, geschichte는 저자가 특별한 목적을 가지고 선택한 주관적인 역사다. 일어난 사건들을 마치 구슬을 실에 꿰듯이 연대기적으로 나열한 사건의 집합체가 아니라, 창조적으로 정돈해 놓은 역사라는 것이다. 다시 말해서, geschichte는 실제로 일어난 사건들로 구성되어 있으나 어떤 부분은 상당히 증명하기 어렵다. 실제로 일어난 사건과 그에 대한 해석 사이에 상관관계를 형성하고 있으나 강조는 항상 해석된 역사에 주어진다. 물론 성경 역사는 오늘 우리가 생각하는 역사의 개념과는 다르다. 혹자는 geschichte에 대한 이러한 해석을 반대한다.[6]

구속사라고 할 때 독일어로는 구속(heil)이라는 단어와 역사(geschichte)라는 두 단어가 합쳐져서 heilsgeschichte라고 한다. Heilsgeschichte를 영어로는 salvation(or redemptive) history라고 번역하나 원래 독일어가 포괄하고 있는 의미를 충분히 전달하지는 못한다고 한다. 이처럼 언어적으로 볼 때 구속사는 하나님이 역사 속에서 행동하시는 사건들과 이러한 하나님의 행동에 대한 역사가의 해석이 합쳐진 역사라고 정의할 수 있다.

흔히들 구속사의 연구는 17-19세기 사이에 소개되었다고 생각한다. 그러나 몇몇 학자들은 이보다 훨씬 전에 구속사의 개념이 형성되었다고 말한다. 엘렌[7]과 같은 학자는 구속사의 개념이 성경의 역사 이해와 더불어 성립되었다고 말한다. 왜냐하면 구약과 신약을 기록한 증인들의 기본적인 동기는 하나님이 이 세상에서 일어나는 일들에 직접 관여하시고 그 아들이 우리 인간 역사에 들어오시어 역사를 바꿔 놓는다는 믿음에 있기 때문이다.

우리 시대의 대표적 구속사 학자인 오스카 쿨만(O. Cullmann)[8]은 구속사 연구의 시작을 2세기 그리스의 교부인 이레니우스(St. Irenaeus)의 되풀이 이론(The Theory of Recapitulation)에서 찾는다. 이 이론에 따르면 역사의 목적은 태초에 존재하던 것들을 회복하는 것이다. 아담의 죄로 인해 잃어버린 것들을 예수 그리스도의 사역을 통해 회복되는 것이다. 그러므로 이레니우스의 구속사는 되풀이 혹은 반복의 역사라고 표현할 수 있다. 이레니우스 이후 약 2세기가 지난 후에 성 어거스틴(St. Augustine)은 그의 저서《하나님의 도성》에서 구속사의 개념을 발전시킨다. 하나님의 도성과 인간의 도성 사이에 끊임없는 투쟁이 계속되지만 마침내는 하나님의 도성이 승리를 거둔다는 내용이다.

성 어거스틴 이후 수 세기가 지난 17세기에 콕케이우스(Cocceius)가 나와서 성경의 역사성과 성경을 전체적인 각도에서 이해해야 한다는 주장을 펼치며 구속사 개념의 발전에 지대한 영향을 끼친다. 그리고 19세기 들어 콕케이우스의 영향을 받은 벵

겔(J. Bengel)이 나와 구속사의 아이디어를 그 이상으로 발전시킨 다. 마침내 구속사 연구는 독일 에를랑겐대학의 호프만에게서 그 절정에 달했으나 호프만 이후 구속사 연구는 일반적으로 다소 식 어 간다. 20세기에 와서는 대표적인 구속사 신학자로서 구약의 폰 라드(G. von Rad), 신약의 오스카 쿨만, 조직 신학의 판넨베르크 (W. Pannenberg) 등을 들 수 있다.

구속사는 인간 역사 속에서 행동하고 그의 뜻을 이루어 가시는 하나님을 강조한다. 보만(T. Boman)[9]은 그의 저서 《Hebrew Thought Compared with Greek》(헬라 사상과 비교된 유대 사상)에서 여호와 하나님의 자기 계시인 "나는 스스로 있는 자이니라"(출 3:14)에 나오는 히브리어 하야(hayah, היה)를 'to be' 라기보다는 'to effect' 로 해석한다. 이 하야는 흔히 '여호와 하나님의 손', 말하 자면 '하나님의 기적적인 인도와 도움' 을 가리킨다. 여호와 하나 님은 활동적이고 효과적이면서도 개인적이고 인격적인 분으로서 그의 뜻과 목적을 이루어 가시며 그로 인해 그의 백성의 구원을 이루어 가시는 분이다.[10] 그러므로 하야는 '나와 함께하시는', '거기에 계신', 더 상세하게는 '상대적이고 효력이 있는 존재' (내 가 너와 함께하리라)의 의미로 이해된다.[11] 그분이 아브라함의 하나 님, 이삭의 하나님 그리고 야곱의 하나님(막 12:26)이신 것처럼, 그 분은 내게 오셔서 나의 일들에 직접 관여하는 구속사의 하나님이 시다.[12]

구속사는 인간의 죄와 잘못을 전제한다. 죄가 먼저 발생하고 구속의 역사가 뒤따른다. 다시 말해서, 인간의 죄 때문에 하나님의 구속의 과정이 필요하게 된다. 오스카 쿨만[13]의 표현에 따르면, 구속사는 전체적으로 죄의식을 기초로 해서만 인식되며, 예수 그리스도는 구세주로서 구속사의 중심점에 서 있다. 따라서 우리는 헹스텐버그(E. W. Hengstenberg)[14]가 강조한 대로 아담의 죄를 구속과 분리해서 생각해서는 안 된다. 타락을 구속과 연결해서 보신 하나님은 아담의 죄를 그의 구속 활동의 첫 출발점으로 사용하신다.

이 책은 창세기 1-3장을 중심으로 '창조와 타락으로 본 구속사'라는 주제로 전개된다. 창세기의 초반부인 이 세 장에는 창조와 타락과 구속사 이야기가 나온다. 원죄라는 단어가 성경에 없듯이 구속사라는 단어 또한 성경에 없다. 그러나 구속사라는 어휘를 형성할 수 있는 내용은 성경 여기저기에 흩어져 있다. 하나님이 아름답고 조화롭게 창조하신 이 세상에 곧이어 죄가 들어온다. 이 첫 죄는 그들 자신에게뿐 아니라 그들의 자손 모두에게 재난과도 같은 영향을 미친다. 그러나 자비로우신 하나님은 이 죄를 죄로만 돌리지 않고 이 죄를 시작으로 예수 그리스도를 이 땅에 보내시어 인류의 죄를 용서하고 구속한다는 하나님의 구속사를 펼쳐 나가신다.

그러므로 성경은 하나님의 계시와 역사 속에서 일어난 구속의 사건들을 기록한 책이라고 하겠다. 그리고 예수 그리스도(그의 생애와 죽음과 부활)가 바로 구속사의 클라이맥스다. 의심할 여지없이 창세기 1-3장은 성경 전체에서 가장 핵심적인 부분이며, 복음 중의 복음이다. 창세기 1-3장을 확대해서 전개한 것이 바로 성경 66권이라고 할 수 있다.

특히 창세기 2-3장은 성경의 전체 구속사에 대한 주석이라고 한다. 이 두 장은 흔히 생각하듯이 고대 근동의 신화들을 엮어 놓은 이야기가 아니라, 여호와 신앙의 근간을 이루는 중요한 기초가 된다고 독일의 신학자 하그(E. Haag)[15]는 말한다. 또한 그는 구속사와 관련해서 창세기 2-3장은 다윗 왕이 블레셋에 빼앗겼던 언약궤를 다윗 성으로 모셔 오는 과정을 기록하고 있는 사무엘서(삼상 4-6; 삼하 6:1-5, 17-19)와 밀접히 연결되어 있다고 설명한다.[16] 구속사와 관련된 낙원을 묘사하는 데 있어서 이 두 부분은 놀랍게도 서로 상응하는 비슷한 점을 보여 주고 있다. 창세기 2-3장은 에덴동산, 즉 하나님이 우리 인간들을 위해 창조하신 아름다운 낙원을 기록하고 있고, 사무엘상·하는 블레셋에 빼앗겼던 하나님의 언약궤가 오랜 방황 후 마침내 다시 돌아온 다윗 왕국 예루살렘을 기록하고 있다. 창세기 2-3장과 사무엘상·하에서 묘사된 낙원과 예루살렘은 하나님의 구원 계획이 모두 완성될 때 도래할 영원한 하나님 왕국의 모형이다.

이 책은 창세기 1-3장에 초점을 맞추고 있기는 하지만 성경의 다른 부분들도 제외시키지 않았다. 연결성이 있다면 구약뿐 아니라 신약까지도 다루었다. 성경은 구약으로부터 신약으로 해석해 내려가기도 하지만, 반대로 신약으로부터 거슬러 올라가 해석할 때 구약의 사고가 더 잘 해명될 수도 있기 때문이다. 그것은 아이 히로트(W. Eichrodt)[17]가 잘 지적한 대로, 성경을 해석할 때 신약으로부터 구약으로 거꾸로 흐르는 맥이 있기 때문이다. 이 거꾸로 흐르는 맥에 의해서 구약의 사고가 더 분명히 이해될 수 있다. 뿐만 아니라 성경의 계시는 진보적이기 때문에 초반부에 분명하지 않던 것이 후반부에 가서 명료하게 설명되는 경우도 많다. 또한 유대교와 기독교의 역사관에서 볼 때 과거와 미래 사이에는 밀접한 관계가 있다. 한마디로 과거는 미래에 대한 약속이며, 따라서 미래를 향한 의미 있는 준비 단계라고 할 수 있다. 그러므로 과거에 대한 해석은 미래에 대한 예언이 된다.[18] 이 모든 것을 감안할 때 우리의 관심을 성경의 전체적인 관점에서 연구하는 것이 절대적으로 필요하다.

끝으로 이 책이 독자들이 하나님의 구속사를 깊이 이해하는 데 도움이 되었으면 한다.

1부
창조

1장

창조의 목적과 클라이맥스 : 인간

창세기 1장 1절에 의하면 태초에 하나님이 천지를 창조하셨다.[19] "빛이 있으라" 하시니 빛이 존재하게 된다. 말씀이 곧바로 사건이 된다. 성경은 창조론만 알며 진화론은 알지 못한다. 오히려 처음부터 '각기 종류대로', '그 종류대로' 창조하신 것을 강조한다(창 1:11, 12, 21, 24, 25).

더욱이 하나님은 무(無)에서 천지를 창조하셨다. 물론 개신교의 성경에 '무에서의 창조'(creatio ex nihilo)라는 말 자체는 없지만, 로마서 4장 17절은 하나님에 대해서 "없는 것을 있는 것으로 부르시는 이"라고 하면서 무에서의 창조를 간접적으로 언급한다. '무에서 천지를 창조하셨다'는 말 자체는 가톨릭 성경에 포함되어 있는 외경(Apocrypha) 마카베오하(2 Maccabees 7:28)에 처음 나온다.

무에서의 창조, 어떻게 이것이 가능한지를 우리 인간으로서는 알 수가 없다. 4세기경 니사의 교부 성 그레고리(St. Gregory of Nyssa)는 '어떻게'는 아예 묻지도 말라고 권고한다. 깊은 영감을 받은 사람이나 성자라 할지라도 알 길이 없기 때문이다. 그저 우리가 알 수 있는 것은 요한계시록 4장 11절의 말씀대로, 그분의 뜻대로 만물이 창조되었고, 그분이 기뻐하고 원하셔서 세상을 창조하셨다는 것뿐이다. 하나님은 당신이 원하는 것이면 무엇이든 하신다고 욥기 23장 13절은 기록하고 있다.

더 나아가 창조는 삼위일체 하나님의 창조다. 창세기 1-2장에서는 창조주 하나님이 강조되고, 요한복음 1장 3절, 고린도전서 8장 6절, 골로새서 1장 16절, 히브리서 1장 2절 등에서는 예수 그리스도를 통한 창조가 강조된다. 또한 시편 104편 30절에서는 창조 시 성령의 활동에 대해 말씀한다. 그래서 성 어거스틴(St. Augustine)[20]은 삼위일체 하나님이 천지 창조를 통해 우리에게 계시되셨다고 한다.

창세기의 저자인 모세는 하나님의 천지 창조를 단지 믿음으로 받아들여 하나님이 우주 만물을 창조하셨다고 단호히 선언한다.[21] 그는 이를 체계적으로, 과학적으로, 혹은 고고학적으로 증명하거나 설명하려고 시도하지 않는다. 모세의 이러한 믿음의 태도는 오늘 우리 그리스도인들의 믿음의 근간이 되어야 한다. 성경은 하나님의 존재와 그분의 창조 활동에 대한 긍정적인 믿음을 가지고 출발하기 때문에, 만일 하나님의 천지 창조에 대한 믿음이 흔들리게 되면 모든 것이 의미를 잃게 된다. 만일 우리가 "태초에 하나님이 천지를 창조하시니라"는 말씀을 받아들이지 않으면 성

경에 기록된 다른 말씀들도 믿기가 매우 어렵게 될 것이다.[22]

하나님의 천지 창조는 체계적, 과학적, 고고학적인 증명을 통해서가 아니라 오로지 믿음을 통해서 이해된다. 더 나아가 모세가 모세 오경(The Torah)인 창세기, 출애굽기, 레위기, 민수기, 신명기를 기록할 수 있었던 것은, 이를테면 성령의 활동을 통해서라고 봐야 한다. 우리는 이것을 요한복음 14장 26절로부터 유추할 수 있다. "보혜사 곧 아버지께서 내 이름으로 보내실 성령 그가 너희에게 모든 것을 가르치고 내가 너희에게 말한 모든 것을 생각나게 하리라." 이처럼 모세도 성령에 의해서 인도되고 가르침을 받으면서 구약의 처음 다섯 권의 책을 썼을 것이다.

유대인들의 전승에 의하면, 모세 오경은 천지 창조 이전에 이미 존재했다고 한다. 그래서 하나님이 천지를 창조하실 때 이를 토대로 천지를 창조하셨다고 한다.[23] 즉, 토라는 하나님의 창조 도구였다는 말이다. 물론 이것이 성경적이지는 않지만 생각해 볼 여지는 있는 것 같다. 광야 시대에 만들어진 성막이 그들의 변론을 뒷받침해 준다. 비록 성막은 모세 때 세워졌지만 출애굽기 25장 9절과 40절에 따르면 그 모형은 이미 하늘나라에 존재하고 있었다. 마찬가지로 천지 창조의 구체적인 내용들은 역사적인 과정을 거치면서 일어났지만, 그 핵심이 되는 골격들은 창조 이전에 이미 하나님의 마음속에 있었을지도 모른다.

하나님은 창조의 하루하루 일과가 끝날 때마다 '좋다'고 하셨다. 하나님의 이 승인이 창세기 1장에 일곱 번(1:4, 10, 12, 18, 21, 25, 31) 나온다. 여기서 '좋다'는 히브리어로 '토브'(tob, בוֹט)인데, 이는 두 가지 의미를 가진다. 하나는 목적론적인 의미로(a purposive-meaning), 하나님이 원래 목적하고 계획하신 대로 잘되었다는 뜻이다. 그래서 혹자는 '좋다'를 '아멘'으로 해석하기도 한다. 다른 하나는 미적인 의미로(an aesthetic meaning), 창조된 우주 자체가 흠이 없고 완전하고 아름답고 조화롭다는 뜻이다. 그래서 아람어 성경인 타르굼(Targum Onkelos)은 이를 '잘 정돈되어 있다'(orderly)로 번역한다. 선하신 하나님으로부터 창조되었으니 좋을 수밖에 없다. 그렇다고 해서 절대적으로 완전한 것은 아니다. 피조물은 창조주 하나님 자신과는 다르다.

그런데 놀랍게도 이 좋다는 표현이 둘째 날에는 없다. 대신 셋째 날에 이 표현이 두 번 나온다. 그렇다면 둘째 날에는 왜 좋다는 표현이 빠진 것일까? 여러 가지 견해들이 있지만 일반적으로 가장 인정받는 해석은, 둘째 날의 일이 그날 안에 끝나지 않고 셋째 날에 가서야 완성되었기 때문에 의도적으로 이 표현을 생략했다는 것이다.[24] 기독교의 마틴 루터(Martin Luther)에 비교되는 11세기의 유명한 유대인 주석가 라시(Rashi)[25]에 의하면, 원래 좋다는 표현은 미완성된 일에는 쓸 수가 없고 완성된 일에만 쓰인다고 한다. 그러니까 둘째 날에 시작된 궁창을 만드는 일이 셋째 날에 가서야 끝났기 때문에 둘째 날에 시작한 일의 완성으로서 좋다는 표현이 한 번 나왔고(창 1:10), 또 셋째 날 자체의 일인 땅을 만들고 각종 식물을 만드는 일이 끝났을 때 좋다는 표현이 한 번 더 사용되었다는 것이다(창 1:12).

이와는 달리 B.C. 2-3세기에 헬라어를 말하는 유대인들을 위해 히브리어 성경(Masorah)을 헬라어로 번역한 70인역(Septuagint LXX)에는 둘째 날에도 좋다는 표현이 나온다. 학자들은 헬라어 성경의 편집인들이 전체적인 조화를 위해서 좋다는 의미의 헬라어 카로스(karos)를 고의적으로 집어넣었기 때문이라고 생각한다.

여섯째 날에는 창조의 최고 목적인 사람이 창조된다. 이날은 모든 창조 활동의 클라이맥스다. 사람은 갓난아이로서가 아닌 완전히 성장한 상태로 창조된다. 사람만이 아니라 모든 피조물들이 다 성숙한 상태로 창조된다.[26]

사람은 히브리어로 '아담'(adam, אָדָם)이고, 그 문자적인 의미는 붉은 흙(red earth)이다. 아담이라는 이름은 구약에서 두 가지 의미를 가지는데, 첫째는, 베드로나 바울처럼 한 개인의 이름을 지칭하는 고유명사(a proper noun)고,[27] 둘째는, 개인의 이름이 아닌 종의 이름(a genetic name)으로서 인간, 인류, 혹은 사람(human being, humankind, man)이라는 뜻이다. 아담이 종의 이름으로 쓰일 때는 남자만이 아니라 여자도 포함된다. 대표적인 예가 창세기 5장 2절에 나온다. 이 구절에 보면 하나님은 남자와 여자를 창조하시고 그들의 이름을 아담, 즉 사람(the man)이라고 하셨다. 여기

서 말하는 사람은 남자와 여자를 다 포함한 종의 이름으로서의 아담이다.[28]

아담의 창조를 끝으로 창조의 모든 일을 마치신 하나님은 '심히(대단히) 좋다' 고 하시면서 극도로 만족해하셨다(창 1:31). 이렇게 최상급 표현까지 사용하면서 기쁨을 표시하신 것은 모든 창조 활동의 완성으로서 하신 말씀이기도 하지만, 특별히 여섯째 날에 있었던 인간 창조에 대한 표현이기도 하다. 사실 엿새 동안 계속된 창조 활동의 가장 중요한 부분은 인간 창조다. 인간은 창조에서 가장 거룩한 부분일 뿐 아니라 바로 창조의 목적이기 때문이다.[29] 그야말로 인간 창조는 하나님의 창조 활동의 핵심이라 할 수 있다. 모든 피조물은 인간을 위해서 미리 창조되었으며, 인간이 생존할 수 있을 때에야 비로소 인간이 창조되었다.

구약성경은 전반적으로 인간의 절대적인 우위성과 고귀함을 강조한다. 이는 미국의 구약 신학자 에드워드 영(E. Young)[30]이 지적한 대로, 인간이 창조된 날에만 정관사 'the' 가 사용된 데서도 나타난다. 창조의 첫날부터 다섯째 날까지는 정관사가 없이 단지 한 날(one day),[31] 둘째 날(second day), 셋째 날(third day), 넷째 날(fourth day), 다섯째 날(fifth day)이라고 했는데, 창세기 1장 31절에 보면 인간이 창조된 여섯째 날에만 정관사 the, 히브리어로는 하(ha, ה)가 붙어서 the sixth day가 된다. 이 정관사 the의 사용은 저자의 선택에 의한 것이지 우연한 것이 아니라고 영은 강조한다.

또 독일의 저명한 구약 신학자 폰 라드[32]는 하나님의 창조와 관련된 히브리어 동사 '바라' 의 사용 횟수를 보아도 인간 창조가 얼마나 중요한지 감지할 수 있다고 말한다. 천지 창조에서 사용된 중요한 히브리어 동사는 세 개다. '만들다' 라는 의미의 아사(asa, עשׂה, 창 1:7, 16, 25-26, 31), '형성하다' 라는 뜻의 야살(yasar, יצר, 창 2:7-8, 19) 그리고 '창조하다' 라는 의미의 바라(bara, ברא)가 그것이다. 이사야서 43장 7절에는 이 세 동사가 함께 나온다. 이 동사들은 새로운 것들을 만들 때 사용되는데, 이 중에서 바라 동사가 제일 중요하다. 바라 동사는 전례가 없는(unprecedented), 전혀 새로운 그리고 아무런 노력이 없이 만들어지는 하나님의 창조 활동에만 사용될 뿐 인간에게는 사용되지 않는다. 이 동사의 주어는 항상 하나님이며, 이것이 단수로만 사용되는 이유는 하나님은 한 분이며 그 분만이 창조자이시기 때문이다.[33] 그런데 이 바라 동사가 창세기 1장 1-26절까지 하나님이 온 천지를 창조하시는 동안에는 두 번밖에 사용되지 않은 데 반해(1:1, 21) 1장 27절에서 인간이 창조될 때는 단 하루 동안에만 무려 세 번이나 사용된 것은 인간 창조에 대한 강조가 얼마나 큰지를 보여 주는 증거라고 폰 라드는 말한다. 참으로 인간 창조는 창세기 1장 1절로부터 시작된 하나님의 모든 창조 활동의 초점이자 목표라고 아니 할 수 없다.

창세기 1장 26절에 따르면 인간 창조는 몇 가지 특징을 가진다.

첫째, 인간은 하늘 회의를 통해서 창조되었다. "우리의 형상을 따라 우리의 모양대로 우리가 사람을 만들고”라고 했다. 이때 하나님(Elohim)은 누구와 의논하셨을까? 다신론적인 유산, 위엄과 장엄함과 위대함의 복수, 삼위일체 등 다양한 견해가 제시되었으나, 복음적인 신학자들의 지배적인 경향은 삼위일체(마틴 루터) 혹은 위엄과 장엄함과 위대함을 표현하는 복수[장 칼뱅(J. Calvin)] 등으로 요약된다.

둘째, 인간은 하나님의 형상과 모양으로 창조되었다. 모든 피조물 중 인간만이 하나님의 형상으로 지음을 받았다. 하나님의 형상에 대한 보다 구체적인 설명은 19장에서 다룰 것이다.

셋째, 인간은 다른 피조물들과는 달리 하나님의 행동으로 창조되었다. 창세기 2장 7절에 의하면 하나님은 흙을 빚어서 아담을 만드신 후 아담의 코에 생기를 불어넣어 인간을 만드셨다. 물론 하나님이 흙을 빚으실 때 오늘날 도자기공들이 하는 방법으로 흙을 빚었다고 생각할 수는 없다. 인간의 이해를 넘어선 하나님의 어떤 신비적인 방법을 사용하셨을 것이다. 인간과는 대조적으로 다른 피조물들은 단지 말씀으로 창조되었다.[34] 하나님이 ‘있으라’고 하시면 그 말씀의 대상이 존재하게 되었다. 말씀이 즉시 사건이 된 것이다.

여기서 우리의 주목을 끄는 것은 히브리 단어 ‘다발’ (dabar, רבד) 이다. 다발은 두 가지 전혀 다른 의미를 가지고 있는데, 말(word) 과 사건(event)이 그것이다. 천지 창조 시 말씀이 곧바로 사건이 된 것을 미루어 볼 때, 하나의 단어 '다발'이 전혀 다른 두 가지 의미를 소유하고 있는 것은 결코 우연한 일이 아닐 것이다.

넷째, 인간은 하나(one)로 창조되었다. 다른 동물들은 쌍쌍이나 그룹으로 창조된 데 반해 인간만은 처음에 외톨이로 창조되었다. 왜 인간만 아내 없이 홀로 창조된 것일까? 유대인들의 문헌에 보면, 처음에는 사람도 여자와 남자를 동시에 창조하려 했는데 결국은 아담 하나만을 창조하셨다고 말한다. 아내 없이 창조된 아담은 고독하고 외로워서 하나님에게 불평했다. "하나님, 모든 생명 있는 피조물들은 다 짝이 있는데 나는 왜 짝이 없습니까?" 어떤 유대 학자는 곧이어 창조되는 아내의 귀함과 고귀성을 깨달으라고 먼저 아담 하나만을 창조하셨다고 말한다.[35] 창세기 2장 18절을 볼 때 이 해석은 상당히 의미 있는 것 같기도 하다. "여호와 하나님이 이르시되 사람이 혼자 사는 것이 좋지 아니하니 내가 그를 위하여 돕는 배필을 지으리라."

앞에서 언급한 몇 가지 점들을 종합해 볼 때, 다른 피조물들과는 달리 인간은 만물의 영장이며 창조의 목적이자 클라이맥스다. 한 걸음 더 나아가, 인간은 하나님의 영광을 위해서 창조되었다(사 43:7). 이렇게 하나님의 특별한 섭리와 목적 아래 창조된 첫 인간인 아담은, 아직 죄는 없지만 중립적인(neutral) 위치에 서 있다. 기독교에서 볼 때 아담은 그의 자유 의지의 선택에 따라서 선으로 향할 수도 있고, 반대로 악한 길로 나아갈 수도 있다. 창세기 2장

17절을 볼 때 그는 일종의 견습 기간(on probation)에 놓여 있다. 선악과를 따 먹으면 죽고, 따 먹지 않으면 영생 불후한다. 달리 말하면, 그가 바른 길로 가면 영생을 누릴 수 있는 반면, 곁길로 가면 징벌을 받는다. 모든 것은 그의 선택 여하에 달려 있다.

이처럼 유동적인 아담의 운명과 관련해서 유대 랍비들은 그럴 듯한 해석을 한다.[36] 창세기를 히브리어로 베레쉬트(Bereishit, בראשית)라고 하는데, 베레쉬트의 첫 글자인 B는 히브리어 22개의 알파벳 중 두 번째인 베트(beth, ב)다. 그들은 먼저 의문을 제기한다. '첫 글자는 알레프(alef, א)인데 하나님은 왜 천지를 창조하실 때 히브리어의 첫 글자 알레프가 아닌 두 번째 글자인 베트로 하셨을까?' 그다음 그들은 스스로 이 질문에 답한다. '히브리어 베트는 위로도 한 줄, 아래로도 한 줄 그리고 뒤로도 한 줄이 있어 삼 면이 꽉 막혀 있는 모양이다. 여기서 삼면은 다 가려져 있고 앞만 활짝 열려 있다는 것은, 좌로나 우로, 또는 뒤를 돌아보지 말고 앞만 보고 달려가라는 뜻이다.' 과연 이처럼 미래가 환히 열려 있는 아담은 그의 열린 미래를 향해 앞만 바라보면서 나아갈까?

그런데 여기서 우리가 던져야 할 질문이 하나 있다. '하나님의 구속사의 출발점은 어디인가?' 사도 베드로는 이 질문에 대해 베드로전서 1장 19-20절에서, 천지가 창조되기도 전에 이미 예수 그리스도는 우리의 죄를 짊어질 어린 양으로 선택되었다고 말한다. 바울도 그의 여러 서신들을 통해, 시간이 아직 시작도 되기 전에 하나님이 우리를 예수 그리스도 안에서 구원받도록 부르셨다고 강조한다. 그렇다면 우리는 위에서 언급한 구절들로부터 두 가지를 유추할 수 있다. 첫째, 성경은 악이 창세전부터 이미 존재하고 있었음을 암시하고 있으며,[37] 둘째, 하나님의 구속 사업은 천지가 창조되기도 전에 벌써 시작되었다는 것이다. 창세기 3장 15절의 첫 메시아 예언이 가리키는 대로, 예수님의 강림은 처음부터 예정되어 있었으며, 하나님의 구속 사업에서 구속의 사명은 하나님의 독생자 예수 그리스도에게 부여되었다.

실제로 우리는 성경에서 하나님의 구속 활동의 구체적이고도 명백한 예들을 추적할 수 있다. 아담의 타락이 일어난 후 곧이어 예수 그리스도를 통한 궁극적인 회복과 승리의 약속이 주어졌다 (창 3:15). 이 약속에 따라서 구원의 사건들이 인간 역사 속에서 곧 뒤따랐다. 처음에는 개인으로서의 아담을 통해서, 다음은 셋의 후손들, 이를테면 노아, 아브라함의 가정 등 가족 단위를 통해서, 그 다음에는 국가적인 이스라엘 민족을 통해서 구속사를 이어 나가셨다. 하나님의 구속사는 예수 그리스도의 고난과 십자가의 죽음 그리고 승리와 영화로운 부활을 통해서 클라이맥스에 달했다. 구속자로서 예수 그리스도는 구속사의 중심점에 위치하고 계시다. 이런 의미에서 볼 때 인간 창조는 전체의 구원을 향해 내딛은 한 걸음이었는지도 모른다.[38]

2장

창조의 절정: 하와

1세기의 필로(Philo)와 같은 유대 학자들과 몇몇 신학자들은, 하나님이 처음 아담을 창조하실 때 남자의 성과 여자의 성을 함께 가지고 있는 사람으로 만드셨다고 주장한다. 아담은 원래 남자와 여자의 성을 모두 가지고 있었는데, 나중에 하와를 만들려고 여자를 분리시켰다는 것이다.[39] 그들의 그러한 주장을 뒷받침하는 몇 가지 근거들을 성경에서 찾을 수 있는데, 그중에서 가장 그럴듯한 이론은 다음 두 가지로 요약된다.

첫째, 창세기 1장 27절은 "하나님이 … 사람을 창조하시되 남자와 여자를 창조하시고"라고 말씀한다. 사람은 본래 남자와 여자를 모두 포함하고 있는 존재임을 이 구절은 넌지시 시사하고 있다. 보다 더 이해하기 쉬운 표현은 5장 2절에 나온다. "남자와 여자를 창조하셨고 그들이 창조되던 날에 하나님이 그들에게 복을 주시고 그들의 이름을 사람(아담)이라 일컬으셨더라." 이 구절을 자세히 살펴보면, '사람'(아담)이 처음 창조되었을 때 그는 남자와 여자의 모습을 모두 지니고 있었던 것으로 여겨진다.

둘째, 핍스(W. E. Phipps)[40]에 의하면, 아담 앞에 있는 정관사 'the'는 아담의 개인적인(personal) 이름이 아니라 남자와 여자를 포함한 종(gene)의 이름임을 의미한다. 영어의 정관사 the에 해당하는 히브리어의 정관사는 '하'(ha, ה)다. 창세기 2장 7절에 보면, 하나님이 아담을 창조하실 때 아담(사람)이라는 단어가 두 번 나오는데, 두 번 다 정관사 the가 붙어 있다[the Adam(האדם)]. 여기서 말하는 아담은 개인적인 이름이 아닌, 남자와 여자를 모두 포함한 종으로서의 이름이다. 만약 아담이 한 사람을 나타내는 고유명사라면 the를 쓸 필요가 없다고 핍스는 말한다.

아담과 하와가 한 몸인 것에 대해서도 두 가지 다른 견해가 있다.[41] 하나는, 남녀의 구별이 분명히 나타나지 않고 남자와 여자의 속성이나 외모가 한데 섞여 있는 것이다. 그러니까 외형적으로 볼 때 한 부분으로는 남자이기도 하고 다른 한 부분으로는 여자이기도 한 것이다. 남녀의 성적 구별도 분명히 나타나지 않는다. 이것을 영어로 '앤드로지니'(androgyny)라고 한다. 다른 하나는, 분명한 성적 기관을 가지고 있는 남자와 여자가 한데 붙어 있는 것이다. 다시 말하면, 한쪽은 남자고 다른 한쪽은 여자인 것이다. 이것을 영어로 '허마프로다이트'(hermaphrodite)라고 한다. 남녀가 앤드로지니든 허마프로다이트든 간에, 처음에는 결합되어 있었는데 나중에 분리되었다는 말이다.

그러나 정통 기독교 교리는 앞에서 언급한 학설들을 모두 거절하고 문자적으로 성경에 기록된 대로 남자가 먼저 창조된 후 여자는 나중에 남자의 갈빗대로부터 만들어졌다는 명제로부터 출발한다. 나도 모든 학술적인 해석들보다는 정통 기독교 교리에 따라서 성경에 기초해 이 책의 주제를 다루어 나가는 것이 바람직하다고 생각한다. 여기서 특히 흥미로운 것은 히브리어로 여자를 '이샤'(ishah, אִשָּׁה)[42]라고 하는데, 이샤는 '남자로부터'(from the man)라는 의미다.

하나님이 하와를 만드시는 방법은 매우 신비로울 뿐만 아니라 현대 의학의 전례를 잘 보여 준다. 하나님은 아담을 깊이 잠들게 하시고 갈빗대 하나를 취하신 후 그 빈자리를 살로 채우셨다. 그러고 나서 그 갈빗대를 가지고 여자를 만드셨다. 현대 의학 용어로 표현한다면, 아담은 마취된 후 수술을 받은 것이다. 하나님의 이 같은 행동은 오늘날 수술 의사들이 하는 일과 흡사하다. 이렇게 볼 때 마취 기술과 외과 수술의 모범을 처음으로 소개한 분은 다름 아닌 하나님이시다.[43]

그런데 여기서 생각해야 할 것이 하나 있다. 만일 하나님의 창조의 순서에서 남자가 먼저고 여자가 그다음이라면, 남자가 여자보다 우월하다는 말인가? 그렇다면 남녀는 불평등한가? 이 문제에 대한 해답을 얻기 위해서는 두 가지 점을 분석해 보아야 한다. 하나는 창세기 2장 18절에서 "내가 그를 위하여 돕는 배필을 지으리라"고 말씀하신 구절과, 같은 장 21-22절에서 '남자의 갈빗대 하나를 취해서 그것으로 여자를 만들었다는 점'이다.

1. '여자는 남자의 돕는 자(a helper)로서 창조되었다'는 점

창세기 2장 18절은, 하나님이 남자가 혼자 사는 것이 외롭고 고독하게 보여 아담의 돕는 자로서 여자를 창조하셨다고 말씀한다. 여기에 나오는 단어 '돕는 자'는 히브리어로 '에제르'(ezer, עֵזֶר)라 하는데, KJV는 이 에제르를 'a help meet'라고 했고, RSV와 NIV는 'a helper'로 번역했다. 여자가 남자의 돕는 자라고 하면 동등한 자격이라기보다는 무언가 조금 낮은 위치에서 보조하는 사람을 의미하는 느낌을 받게 된다. 그래서 많은 구약 신학자들은 에제르를 돕는 자로 번역한 것은 처음부터 잘못된 번역이라고 말한다. 에제르의 진정한 의미는 돕는 자가 아니라 '함께하는 자'(a companion, a counterpart)이기 때문이다. 영국 케임브리지대학의 구약 신학자 드라이버(S. R. Driver)[44]는, 에제르를 돕는 자로 번역한 것은 영어의 무지함을 드러낸 큰 실수였다고 말한다. 한 걸음 더 나아가 여성 신학자 트리블(P. Trible)[45]은, 영어에서 '돕는 자'(a helper)는 보조자(an assistant), 부하(a subordinate) 혹은 낮은 자(an inferior) 등의 의미를 내포하고 있는 반면, 히브리어 '에제르'는 전혀 그러한 의미를 함축하고 있지 않으므로, 에제르를 돕는 자로 번역한 것은 전적으로 빗나간 번역(totally misled translation)이라고 강력히 비판한다.

사실 히브리어 '에제르'는 성경에서 종종 하나님 자신을 가리
킨다. 하나님은 우주 만물을 창조하신 분, 이스라엘을 출애굽시키
신 분 그리고 사망의 골짜기를 헤맬 때 도움이 되며 구원해 주시
는 분이다.[46] 에제르는 종속적인 의미를 전혀 포함하고 있지 않
다.[47] 성경에서 몇 가지 예를 들어 보면, 시편 33편 20절의 "그(여호
와)는 우리의 도움과 방패시로다"에서 '도움'이라는 단어가 바로
'에제르'다. 또 신명기 33장 7절의 "주께서 도우사"에서 '도우
사'라는 단어가 원문에서는 명사형으로 쓰였는데 바로 '에제르'
다. 한 가지 예를 더 들어 본다면, 시편 115편 9-11절은 "그는 너
희의 도움이시요 너희의 방패시로다"를 반복하고 있는데, 여기
'도움'이라는 단어가 '에제르'다. 하나님이 인간의 돕는 자(에제
르)라고 할 때 하나님을 우리 인간보다 낮은 위치에 있거나 종속
된다는 의미로는 전혀 해석될 수 없는 것처럼, 이것은 하와에게도
적용될 수 있다. 그러므로 아담의 돕는 자(에제르)인 하와 역시 아
담에게 종속되었거나 아담보다 낮은 위치에 있다고 볼 수 없다.

'돕는 자'(에제르)에 대한 의미를 보다 더 분명히 이해하기 위해
서는 '돕는 자'를 수식하고 있는 복합 전치사구 '케네그도'
(kenegdo, כְּנֶגְדּוֹ)의 의미와 연결해서 생각해 보아야 한다. 여기서 에
제르를 수식하고 있는 '케네그도'의 문자적인 해석은 '그에게 반
대하는'(against him), '그와 대립되는'(opposite to him)이다. 그러므

로 '에제르 케네그도'(ezerkenegdo, עזר כנגדו)의 문자적인 의미는 '그에게 반대하는 돕는 자', '그와 대립되는 돕는 자'인 반면, 우리말 성경은 영어 성경의 번역을 따라 "그를 위하여 돕는 배필"로 번역하고 있다. 흥미롭게도 '에제르 케네그도'의 문자적인 의미는 매우 모순되게 느껴진다. 도대체 여자가 남자의 돕는 자인 동시에 남자에게 반대하고 대립하는 존재라는 것은 무슨 의미일까? 그래서 많은 학자들은 이 구절이 해석하기 어렵기로 유명하다고 입을 모은다. 그럼에도 불구하고 대부분 구약 신학자들의 해석은 대체로 다음 세 가지 관점에서 요약된다.

첫째, 그의 앞에 있는 돕는 자(a helper before or in front of him).[48] 이 해석을 주장하는 사람들은 이를 성적으로 이해한다. 여자가 남자 바로 앞에 있다는 것은 어떤 형태로든지 성과 관계된다는 것이다. 여자는 남자 혼자서는 할 수 없는 일을 도와주는데, 아이를 생산하는 일이 그것이다. 그러니까 여자가 함께 자녀를 생산하는 일에서 남자를 돕는다는 뜻이다.

둘째, 그와 대립되는 돕는 자(a helper as opposite to or over against him).[49] 남자가 잘하고 가치가 있으면 그에게 협조하고, 그가 잘하지 못하고 가치가 없으면 그에게 반대한다는 뜻이다.

셋째, 그와 동등한 위치에 있는 상대로서의 돕는 자(a helper corresponding to him or his counterpart).[50] 대부분의 구약 신학자들은 세 번째의 해석을 받아들인다. 여자는 남자보다 우월하지도, 그렇다고 열등하지도 않은 '그와 잘 어울리는 돕는 자'(a help matching him), '그와 대등한 동반자'(a companion corresponding to him), '그에게 적합한 반려자'(a counterpart adequate to him)라는 것이다. 그래서 아람어 성경인 타르굼에서는 돕는 자라 하지 않고 아예 '동반자', '파트너'로 번역했다(Targum Neofiti 2:18). 특히 유대인 학자 허쉬(S. R. Hirsch)는 이러한 개념을 아주 분명하고 의미 있게 정리한다.

> 여자는 남자의 '에제르 케네그도'다. 이 구문을 언뜻 보기만 해도 '에제르 케네그도'가 여자 지위의 존엄성을 나타내고 있음을 충분히 알 수 있다 … 여자와 남자가 각각 독립적으로 동등한 위치에 서 있는, 즉 여자가 남자 옆(케네그도)에 평행선상에 서 있는 모습을 보여 주면서 남자와 여자 사이의 완전한 평등을 나타내고 있다.[51]

결론적으로, 하나님은 여자를 남자의 동반자로서, 남자와 동등한 위치에서 함께하는 존재로서 창조하셨다.

2. '하나님이 여자를 남자의 갈빗대(rib)로부터 창조하셨다'는 점

언어적으로 '에제르 케네그도'라는 관용구가 '그와 대등한 동반자'를 의미하는 것처럼, 갈빗대라는 단어도 인간의 두 요소, 즉 남자와 여자의 동등한 위치를 보여 준다. 갈빗대를 의미하는 히브리어 '첼라'(tsela, צֵלָע)는 성경에서 대략 세 가지 정도의 의미로 사용되는데, 첫째는, 문자 그대로 사람의 심장과 폐를 둘러싸고 있는 열두 개의 둥그런 뼈다. 둘째는, 파트(part)를 나타낸다. 셋째는, 가장 중요한 의미로서 옆(side)을 가리킨다. NIV는 창세기 2장 21절의 각주에서 '남자의 갈빗대'를 '남자의 옆'으로 해석한다. 하나님은 아담과 하와가 평등한 위치에서 동반자로서 서로 사랑하고 돕고 보살피며 살기를 원하시기 때문에 아담의 갈빗대, 즉 옆으로부터 하와를 만드셨다는 것이다.

같은 맥락에서 《매튜 헨리 주석》[52]도 의미 있는 해석을 한다. 만일 하와가 아담의 머리로부터 만들어졌다면 하와가 아담을 짓누를 가능성이 있고, 아담의 발로부터 하와가 만들어졌다면 하와는 아담에 의해 짓밟힐 수 있기에, 남녀가 동등한 위치에서 서로 도우며 살라는 의미로 아담의 중심부인 갈빗대로부터 하와를 만드셨다는 것이다. 유대인들은 여기서 한 걸음 더 나아가 다양한 해석을 한다.[53] 하나님이 아담의 눈으로부터 하와를 창조하셨다면 하와는 요염한 여자가 되었을 것이고, 아담의 귀로부터 창조하셨다면 하와는 남의 말을 엿듣는 자가 되었을 것이며, 아담의 입으로부터 창조하셨다면 하와는 남의 흉을 많이 보는 자가 되었을 거라는 것이다. 그래서 전지전능하신 하나님은 하와를 아담의 신중하고 조심스러운 부분인 갈빗대로부터 창조하셨다고 한다.

여자가 창조된 후에야 비로소 하나님의 창조 활동이 모두 완성된다. 하와가 창조되면서 여자(woman)라는 말이 처음으로 성경에 등장한다(창 2:23). 그전에는 남자라는 말도 없이 그저 사람이라고 불렸다. 비록 남자(아담)의 창조가 창조의 클라이맥스이기는 하지만 창조의 완성이라고는 할 수 없다. 이와 관련해서 가장 좋은 설명이 창세기 2장 18절에 나온다. 창조의 하루하루가 끝날 때마다 하나님은 좋다고 하셨다. 모든 것이 다 창조되었지만 여자가 아직 창조되지 않았을 때 '좋지 아니하니'(It is not good)라고 하신 것은, 여자의 창조 없이는 창조의 완성이 아니라는 뜻이라고 하겠다. 그래서 여성 신학자 트리블[54]은, 하나님의 창조는 인간이 남자와 여자로서 구별되기 전까지는 결코 완성된 것이 아니라고 한다. 또한 새뮤얼 테리엔(S. Terrien)[55]은 여자의 창조는 그야말로 창조의 절정(the crowning of creation)을 이루고 있다는 말로써 하나님의 창조를 요약한다.

하와가 창조된 후 영적인 아버지 하나님은 남자 아담과 여자 하와의 결혼을 주선하신다. 창세기 2장 22절은 하와가 하나님에게 이끌리어 아담에게로 왔다고 기록하고 있으며, 그때부터 신부 하와와 신랑 아담은 인류 역사상 첫 번째 부부가 된다.

하나님의 주례 아래 이루어진 아담과 하와의 결혼식 이후 아주 중요하고도 상징적인 결혼이 하나님의 섭리 아래 이루어진다. 창세기 24장은 아브라함이 이삭의 신붓감을 찾으려고 하인을 그의 고향 땅에 보내는 모습과 이삭과 리브가의 결혼이 어떻게 이루어지게 되었는지를 우리에게 말해 주고 있다. NASB[56]는, 이삭과 리브가의 결혼은 경건한 결혼의 아름다운 예를 보여 줄 뿐만 아니라, 더 나아가 우리의 신랑이며 구속자이신 그리스도와 그의 신부인 교회 간의 사랑을 아름답게 그리고 있다고 해석한다. 리브가는 한 번도 본 적이 없는 그녀의 신랑을 사랑했다. 이처럼 교회도 보지도 못한 신랑 예수 그리스도를 믿고 사랑한다. 리브가를 위해 신랑 이삭이 열심히 기도한 것처럼(창 24:63), 로마서 8장 34절에 따르면 지금 하나님 우편에 앉아 계신 우리의 신랑 예수 그리스도도 그의 신부인 우리를 위해 기도하며 중재하고 계시다. 또 신부 리브가가 도착하기를 평안하게 기다린 이삭은, 지금 하늘나라에서 그의 신부가 도착하기를 기다리고 계신 하나님 아들의 모습을 미리 보여 준 예라고 하겠다.

3장

창조의 안식과 영원한 안식

태초에 하나님은 천지를 창조하셨다. 하나님은 하나님 자신을 제외한 모든 것을 다 창조하셨다. 시편 90편 2절에서 언급한 대로, 모든 것은 다 시작이 있는데 하나님만 시작이 없이 항상 존재하신다. 그럼 천지 창조 이전에 하나님은 무엇을 하고 계셨을까? 성 어거스틴[57]은 그의 유명한 저서 《고백록》에서 다른 사람의 말을 인용해 이 질문에 대답하고 있다. "그런 쓸데없는 질문을 하는 사람들을 위해서 하나님은 지옥을 만들고 계셨다." 마틴 루터[58]는 시공간 안에 종속된 인간들이 시공간을 초월해 존재하시는 하나님에 대해서 그런 질문을 던지는 것은 어리석기 짝이 없는 일이라고 말하며, 천지 창조 전에 하나님이 무슨 일을 하셨는지 인간으로서는 도저히 알 수 없으니 호기심을 갖고 묻지 말라고 충고한다.

그러나 신약성경을 볼 때 우리는 천지 창조 전에도 하나님이 어떤 일을 하신 것을 짐작할 수 있다. 어떤 일인가? 인간의 구속을 위해 하신 일들이다. 디모데후서 1장 9절에서 바울은, 하나님이 천지 창조 전에 우리를 구원하시고 예수 그리스도 안에서 거룩한 삶을 살도록 부르셨다고 말한다. 또 하나님은 믿는 자의 영생을 천지 창조 전에 약속하셨다고 디도서 1장 2절에서 말하고 있다.

하나님의 실제적이고 구체적인 일은 성경을 볼 때 천지 창조로부터 알려진다. 하나님은 6일 동안에 걸친 천지 창조를 모두 마치고 일곱째 날에는 쉬셨다. 창세기 2장 3절은 하나님이 일곱째 날을 다른 날들과 구별해서 축복하고 거룩하게 하셨다고 전하고 있다. 일곱째 날에 쉬셨다고 해서 하나님이 피곤함을 느끼셨다는 것은 결코 아니다. 이사야 선지자는 이사야 40장 28절에서, 여호와 하나님은 결코 피곤하거나 곤비하지 않으시다고 말했다.

그런데 하나님이 천지를 6일 동안 창조하신 것에 대해 의문을 제기하면서 호기심에 찬 질문을 던지는 사람들이 있다. '하나님의 천지 창조는 실제로 얼마나 걸렸을까?' 이에 대해 일반적으로 거론되는 네 가지 견해를 여기에 소개한다.

첫째, 하나님은 모든 것들을 단번에 창조하셨다.[59] 1세기와 2세기경의 신학자 필로와 오리겐(Origen)이 이러한 견해를 가지고 있다. 성 어거스틴[60]도 문자적으로는 엿새 동안에 만들어졌다고 말하지만, 상징적으로는 차례차례 창조되었다기보다 단숨에 혹은 한순간에 창조되었을지도 모른다는 견해를 넌지시 비치고 있다. 이들이 그렇게 생각하는 이유는, 창세기 1장 1절에 나오는 "창조하시니라"의 히브리어 동사 바라(bara, ברא)와 24절에 나오는 "땅은 생물을 그 종류대로 내되(yasa) 가축과 기는 것과 땅의 짐승을 종류대로 내라(yasa) 하시니"에 나오는 동사 야사(yasa, עשה)에 근거한다. 히브리어 동사 야사의 문자적인 의미는 '나오다'(come out) 또는 '발하다'(go forth)이다. 1절과 24절로 미루어 볼 때, 하늘과 땅과 그 안에 있는 모든 것들, 말하자면 온갖 종류의 나무와 동물 등은 우선 곧 태어날 수 있는 형체로 잠정적으로 창조된다(창 1:1). 그런 다음 하나님이 '나오라'(yasa)고 명하시면 숨겨져서 보이지 않던 것들이 형체를 드러내고 존재하게 된다는 뜻이다. 그러니까 모든 것들이 첫날에 잠재적으로 동시에 창조되고, 곧이어 하나님의 명령에 따라 하나씩 그 모습을 드러낸다는 것이다.[61]

둘째, 하나님의 창조는 장구한 기간에 걸쳐 이루어졌다. 우주가 형성된 오랜 지질학적인(geological) 시간들이 고려된 견해다. 이들은 시편 90편 4절, "주의 목전에는 천 년이 지나간 어제 같으며 밤의 한순간 같을 뿐임이니이다"와 베드로후서 3장 8절, "주께는 하루가 천 년 같고 천 년이 하루 같다는 이 한 가지를 잊지 말라" 등의 성경 구절들에 근거해서 하나님의 창조가 오랜 기간에 걸쳐서 이루어졌다고 한다.

위의 두 가지 견해들(순간적인 창조 혹은 장구한 기간에 걸친 창조)은 모두 성경적이지 않다고 하겠다.

셋째, 하나님은 천지를 6일 동안에 창조하셨다.[62] 성경은 창조의 시간에 대해 말할 때 첫째 날, 둘째 날, 셋째 날 등으로 표현한다. 히브리어로 날(day)을 '욤'(yom, םוי)이라고 하는데, 이는 한순간이나 장구한 시간을 의미하는 것이 아니라, 오늘 우리의 시간과 같은 24시간의 하루를 의미한다. 오늘 복음적인 정통 그리스도인들은 바로 이 견해를 따르고 있다.

넷째는 세 번째 견해에서 한 걸음 더 나아간 것으로, 하나님의 천지 창조는 여섯째 날에 마치기는 하는데 일곱째 날까지 다소 연장되었다는 견해다. 네 번째 견해를 지지하는 신학자들은 흔히 창세기 2장 2절에 주목한다. "하나님이 그가 하시던 일을 일곱째 날에 마치시니 그가 하시던 모든 일을 그치고 일곱째 날에 안식하시니라." 성경의 다른 구절들은 하나님의 창조가 여섯째 날에 끝난 것으로 나오는데, 정작 창조의 전 과정을 요약하는 2장 2절만이 "일곱째 날에 마치시니"라고 하면서 마치 일곱째 날에 창조가 끝난 것 같은 느낌을 주고 있다.

이 문제를 푸는 데 있어서 가장 중요한 일은 일곱째 날 앞에 있는 히브리어 전치사구 '바'(ba)에 대한 해석이다. 이 '바'는 전치사 '베'(ㅁ)와 정관사 '하'(ㄱ)가 결합된 것으로서, 이것의 일차적이고 문자적인 의미는 영어의 'on the', 'in the', 'with the' 등이다. 영어 성경 KJV와 RSV는 이 전치사구를 문자적인 의미를 따라서 '일곱째 날에'(on the seventh day)라고 번역했다. 그러나 NIV는 이 전치사구를 on 대신에 by를 사용해서 '일곱째 날이 이를 때에'(by the seventh day)로 번역했다. 2장 2절을 제외한 다른 구절들은 모두 천지 창조가 6일 동안에 완성되었다고 기록하고 있는 사실에 주목하면서, 아마도 NIV는 성경 전체의 맥락에서 볼 때 하나님이 여섯째 되는 날에 그가 하시던 일들을 모두 마치셨다고 생각한 것 같다. 비슷하게 우리나라 개역한글 성경도 NIV와 같이 by를 사용해서 "일곱째 날이 이를 때에"라고 번역했다(개역개정 성경은 KJV과 RSV처럼 "일곱째 날에"로 번역함-편집자). 유대 신학자 슬로토위츠(M. Zlotowitz)[63]는 NIV의 번역에 편을 들면서 한 걸음 더 나아가 "NIV가 KJV나 RSV와는 달리 by를 사용한 동기는, 이 전치사구가 일으킬 해석상의 어려움을 극복하기 위한 하나의 해결책인 것 같다"고 설명한다.

많은 구약 신학자들은 KJV나 RSV가 더 문자적인 번역이라고 생각한다. 그러나 문제는 "일곱째 날에"(on the seventh day)라고 할 경우 마치 창조가 일곱째 날에 끝난 것 같은 느낌을 받게 된다. 문자적인 의미를 너무 강조한 나머지 마치 하나님의 창조가 일곱째 날에 끝난 것처럼 이해한다면, 4세기경의 신학자 제롬(Jerome)[64]이 지적한 대로 역사의 시작부터 안식일을 지키는 것은 의미가 없다고 하겠다. 하나님이 일곱째 날에 일을 하심으로 이미 안식일을 깨뜨렸기 때문이다.

여섯째 날에 하나님의 창조가 끝났다는 것을 분명히 하기 위해, 헬라어 성경 70인역(Septuagint)은 히브리어 성경에 나오는 '일곱째'라는 단어 자체를 아예 없애 버리고 그 자리에 '여섯째'라는 단어를 삽입해서 하나님의 창조가 여섯째 날에 마쳐진 것으로 했다.

유대 문헌 미드라쉬 라바(Midrashi Rabbah)[65]는 흥미롭게도 'on the seventh day'가 실제로 말하고자 하는 의미를 대장장이의 예를 들어서 설명한다. "이는 마치 대장장이가 아직 낮일 때 망치를 들어 올리고 밤이 막 시작되는 시점에 망치를 내리치는 것과 같다. 망치를 들어 올렸다가 내리치는 바로 그 순간에 밤이 시작된다. 하나님은 이처럼 여섯째 되는 날의 마지막 순간에 하시던 일을 모두 마치셨으며, 일곱째 날이 시작되는 바로 그 시점에 안식일이 시작되었다."

한편, 에드워드 영[66]은 '선언적'(declarative)이라는 용어를 쓰면서 이 문제를 풀어 간다. 여기에서 사용된 동사의 형태는 '선언적'이므로, 실제로 2장 2절이 의미하는 것은 하나님이 일곱째 날에 일을 하셨다는 것이 아니라, 그날 그가 하시던 일을 모두 마쳤다고 선언하셨다는 주장이다. 슬로토위츠[67]도 비슷한 생각을 한다. 창조는 여섯째 날에 마쳤지만 창조된 것들이 각각 그 기능을 발휘하는 시점은 일곱째 날이 되면서 시작되었다고 설명한다.

하나님이 엿새에 걸친 창조의 일을 모두 마치고 쉬신 일곱째 날은 안식일(Sabbath)이라고 부르며, 히브리어로는 '샤바트'(shabat, שבת)라 한다. 창세기 2장 2-3절은 '안식일'이라는 단어가 아직 나오기 전이므로 대신 '일곱째 날'이라는 수사적인 표현이 '쉬다'라는 동사와 함께 나온다. 창세기 2장에서 말하는 창조의 안식일은 유대인이나 믿는 자들과는 전혀 관련이 없는, 온전히 창조주 하나님의 안식일이다. 인간은 6일 동안 땅에서 아무 일도 하지 않았다. 그야말로 주님의 안식일(A Sabbath to the Lord)이다. 아직 일곱째 날에 쉬라는 어떤 명령도 인간들에게 주어지지 않았다. 안식일을 지키라는 명령이 내려진 것은 시내 산에서 모세를 통해 이스라엘 백성에게 율법이 주어졌을 때다. 비록 모세가 시내 산에서 십계명을 포함한 율법을 받고 그때부터 안식일을 지키는 것이 율법의 한 부분이 되었지만, '안식일'이라는 말이 처음 나타난 곳은 출애굽기 16장 23-30절이다. 이스라엘 백성이 광야에서 살면서 시내 산을 향해 가고 있을 때, 그들은 만나를 여섯째 날에 두 배씩 거두었다. 일곱째 날은 안식일로 지켰기 때문이다. 이처럼 이스라엘 백성은 율법이 주어지기 전에 이미 안식일을 지키기 시작했다.

보다 더 깊은 의미를 지닌 안식일에 대한 정의가 출애굽기 20장 8-11절에 나온다. 하나님은 시내 산에서 모세에게 십계명을 포함한 율법을 주시면서, 안식일을 기억하되 이날은 일도 하지 말고 거룩히 지키라고 하셨다. '일곱째 날'이라는 단어도 '안식일'로 대치된다. 이스라엘 백성이 안식일을 지키는 이유는 하나님의 창조를 기억하기 위함인 것이다. 모세는 출애굽기 31장 17절에서, 이스라엘 백성이 하나님의 창조를 기억하면서 안식일을 지키는 것은 하나님과 이스라엘 사이의 영원한 표징(sign)이라고 강조한다. 더 나아가, 모세는 이스라엘 백성이 왜 안식일을 지켜야 하는지에 대한 또 다른 이유를 신명기 5장 12-15절을 통해 소개하고 있다. 이스라엘 백성이 애굽에서 종살이할 때 하나님이 자비를 베푸셔서 그들을 출애굽시키셨으니, 그 은혜와 긍휼을 기억하면서 안식일을 지키는 것은 당연하다고 말한다.

성 어거스틴[68]은 하나님의 엿새 동안의 창조와 관련해서 인간 역사를 여섯 단계의 중요한 기간으로 분류하는데, 첫째 기간은 아담에서 노아까지, 둘째는 노아에서 아브라함까지, 셋째는 아브라함에서 다윗까지, 넷째는 다윗에서 바벨론 포로까지 그리고 다섯째는 바벨론 포로 귀환에서 예수 그리스도의 출생까지다. 베드로후서 3장 8절 등을 볼 때 각 기간은 1천 년씩 계속된다.

예수님의 강림으로부터 시작된 여섯째 기간은 그가 재림하실 때까지 계속되는데, 얼마 동안 계속될지 또 언제 끝날지는 아무도 모른다. 이날은 이 세상이 끝나는 날이다. 사도행전 1장 7절에 보면, 예수님은 하늘로 승천하시기 바로 전에 "때와 시기는 아버지께서 자기의 권한에" 두셨다고 제자들에게 말씀하셨다. 여섯째 기간이 끝나면 안식일에 상응하는 영원한 쉼이 시작된다. 우리 주님이 재림하시면 산 자와 죽은 자를 심판하고 의인들을 주님의 안식에 동참하도록 초대하신다. 일곱째 날에 상응하는 안식일이 1천 년 동안 뒤따르고, 이어서 영원히 계속된다. 하나님이 일곱째 날에 쉬신 것은 우리도 일곱째 기간에 주님 안에서 영원한 안식을 누리는 것을 암시한다. 그러므로 일곱째 기간은 주님의 안식일일 뿐만 아니라, 무엇보다도 우리의 안식일임이 분명하다. 이런 식으로 어거스틴은 하나님의 창조의 안식을 역사의 종말에 누릴 우리 믿는 자들의 영원한 안식과 연결시킨다.

하나님이 천지 창조를 모두 마치고 일곱째 날에 안식하신 것과 이스라엘 백성이 일곱째 날에 하나님의 천지 창조를 기억하면서 안식일을 지킨 것은 참으로 중요한 의미를 갖는다. 구약 시대의 안식일이 없었더라면 신약 시대 이후 주일도 없을 것이기 때문이다. 진실로 이스라엘 백성의 안식일은 오늘 우리가 지키고 있는 주일의 전례가 된다. 구약 시대의 안식일은 하나님과 이스라엘 민족과의 관계의 표시이며, 신약 시대의 주일은 하나님과 전 인류와의 관계의 상징이다. 구약 시대의 안식일은 창조를 뒤따라 일곱째 날이며, 신약의 주일은 그리스도의 부활을 기점으로 첫날이다. 예수 그리스도는 첫날에 부활하심으로 구약의 안식일을 폐하고 주일을 세우셨다. 골로새서 2장 14-16절이 증거하는 대로, 절기나 초하루나 안식일과 같은 종교적인 행사들은 그리스도의 십자가에 못 박혔다. 그래서 예수님의 부활 이후 모든 믿는 자들은 주일날 하나님에게 예배드리고 이날에 안식한다. 더 높은 차원에서 보면, 신약 시대의 주일은 구약 시대 안식일의 완성이다. 바울이 골로새서 2장 16-17절에서 구약의 절기들이나 안식일을 지키는 것을 장래 일의 그림자라고 한 것은 바로 이러한 이유에서다.

　더욱 중요한 것은, 오늘 우리가 주일날 안식하는 것은 믿는 자들이 그렇게도 열망하는 영원한 안식의 모형(type)이라는 사실이다. 우리가 이 세상에서의 삶을 마치고 나면 요단 강을 건너 천국에 들어가 영원한 안식에 참여하게 된다. 이것은 일시적인 안식이 아니라 믿는 자의 영원한 안식이다. 진실로 오늘 우리가 취하는 주일의 안식은, 앞으로 다가올 영원한 안식의 더없이 즐겁고 행복한 모습을 상징한다.

　그러나 히브리서 기자는 시편 95편 8-11절을 상기시키면서, 오늘날 믿는 자들이 출애굽 당시의 이스라엘 백성처럼 불신앙과 완악함으로 계속 행한다면 우리도 "내 안식(하나님의 안식)에 들어오지 못하리라"고 말한다. 이 엄중한 경고는 히브리서 4장 1절에서도 계속된다. "그러므로 우리는 두려워할지니 그의 안식에 들어갈 약속이 남아 있을지라도 너희 중에는 혹 이르지 못할 자가 있을까 함이라."

　이스라엘 백성은 애굽에서의 힘들고 고통스러운 종살이로부터 해방되어 하나님이 그들의 선조들에게 약속하신 가나안 땅에 들어가 민족의 새 역사를 이루면서 안식하는 날을 사모했다(신 12:9-10; 수 21:44, 22:4). 이스라엘 백성은 모세의 지도 아래 종살이로부터 해방되어 애굽을 떠났다. 그러나 시편 95편 8-11절은, 그들의 마음이 완악하고 곁길로 갔기 때문에 가나안 땅에 들어갈 수 없었고, 따라서 하나님의 안식도 취하지 못했다고 분명히 말씀하고 있다.

오늘날 믿는 자들은 출애굽 당시 이스라엘 백성이 가나안 땅을 사모했던 것처럼 영원한 가나안을 사모한다. 이 세상의 일을 마치고 난 후 영원한 집 천국에 가서 예수 그리스도와 더불어 편히 쉬는 영원한 안식을 사모한다. 천국에는 눈물도, 한숨도 그리고 죽음도 더 이상 없을 것이다. 마치 하나님이 천지 창조를 다 마치고 쉬신 것처럼, 우리도 세상에서 하던 일을 모두 끝내고 안식에 들어갈 것이다. 믿는 자들은 한결같이 하나님의 안식에 참여하기를 고대한다. 히브리서 기자는 우리에게 엄중한 경고와 더불어 격려도 아끼지 않고 있다. "그러므로 우리가 저 안식에 들어가기를 힘쓸지니 이는 누구든지 저 순종하지 아니하는 본에 빠지지 않게 하려 함이라"(히 4:11).

4장

에덴동산

유대인 랍비 쿠퍼[69]에 의하면, 에덴동산은 가장 많이 알려졌지만 사실은 가장 적게 이해된 이야기라고 한다. 쿠퍼가 말한 대로, 에덴동산 이야기는 누구나 알고 있지만 깊이 이해하는 사람은 드물다고 본다. 그것은 에덴동산 이야기가 인간 역사의 가장 시초에 일어났으며, 더군다나 고고학적으로도 발굴의 결과가 거의 없기 때문이다. 성경 안에서도 창세기 2-3장을 제외하고는 극히 제한적으로 취급된다. 예를 들면, 이사야서, 에스겔서와 같은 예언서나 시편조차도 에덴동산 이야기를 전체로서 다루지 않고 단지 단편적으로 '하나님이 인간을 위해 지으신 이상적이고 흠이 없는 곳' 혹은 '인간의 불순종으로 인한 타락과 몰락의 상징적인 지역'으로 인용한다. 그 결과, 어떤 사람들은 에덴동산 이야기를 고대 근동의 신화나 전설로 생각한다. 많은 연구에도 불구하고 에덴동산의 참된 내용을 잘 알지 못하자, 가톨릭 신학자 맥켄지(J. L. McKenzie)와 같은 학자들은 에덴동산이 지구상에 존재하지 않았다는 결론을 내린다. 그의 말을 그대로 옮기면, 에덴동산은 '결코, 결코 없는 땅'(A Never Never-Land)[70]이었다.

어원적으로 에덴이라는 말은 기쁨, 만족, 행복이라는 뜻이다. 그러니까 에덴동산은 즐겁고 기쁨이 넘치는 행복한 동산이었음이 분명하다. 성경에서는 에덴동산을 다른 말로 '하나님의 동산'(겔 28:13, 31:8-9) 혹은 '여호와의 동산'(창 13:10; 사 51:3), '하나님의 낙원'(계 2:7) 등으로 다양하게 표현한다. 구약에서는 주로 에덴동산이라는 이름이 나오는데, 신약에서는 낙원이라는 단어만 나오고 에덴동산이라는 이름은 나오지 않는다. 에덴동산을 낙원(paradise)이라고 하는 것은 히브리어 성경을 헬라어 성경 70인역으로 옮길 때 동산이라는 히브리어 명사 '간'(gan, גן)을 낙원을 의미하는 파라데이소스(paradeisos)로 번역했기 때문이다.

에덴동산과 관련해서 우리가 제일 먼저 알고 싶은 것은, '에덴동산은 언제 만들어졌는가?' 그리고 '도대체 어디에 에덴동산이 위치하고 있었는가?' 이다.

1. 에덴동산은 언제 만들어졌는가?

창세기 2장 8절은, "여호와 하나님이 동방의 에덴에 동산을 창설하시고 그 지으신 사람을 거기 두시니라"고 말씀한다. 이 구절에 의하면, 아담이 창조되기 전에 에덴동산이 먼저 만들어진 것을 추측할 수 있다. 그러나 구체적으로 언제 창조되었다는 말은 없다. 유대인의 경우에는 창세기 1장 11절에 근거해서, 나무와 풀과 함께 셋째 날에 창조되었다고 한다.[71] 그러나 신학자 제롬[72]은 하나님이 천지 창조 이전에 벌써 에덴동산을 창조하셨다고 한다. 위경에 속하는 에스라4서(4 Ezra 3:4-6)도 천지창조 전에 에덴동산이 이미 창조되었다고 기록한다.

2. 에덴동산은 어디에 있었는가?

창세기 2-3장을 볼 때 에덴동산의 위치는 크게 두 가지로 생각할 수 있다. 첫째는 에덴의 동산(The Garden of Eden), 즉 동산의 이름이 에덴인 경우고(창 2:15, 3:23-24), 둘째는 에덴에 있는 동산(The Garden in Eden), 즉 에덴이라는 크고 넓은 지역의 어느 한 부분에 동산이 자리 잡고 있는 경우다(창 2:8). 대부분의 신학자들은 이 두 가지 견해 중에서 후자를 더 타당하다고 생각한다. 흥미롭게도 칼뱅[73]이 "어떤 학자들은 에덴동산을 세계의 전 지역으로 확대하려고 한다"고 묘사한 대로, 에덴동산을 어떤 특정 지역이라기보다는 그 당시에 알려진 전 세계로 보는 학자들도 있다. 다마스쿠스의 교부 요한(St. John of Damascus)과 구약 신학자 폰 라드[74] 등이 이에 속한다. 이들은 에덴동산에서 흘러나온 강의 숫자인 '넷'에 주목하면서, 이 네 강들이 그 당시의 전 세계를 에워싸고 있었다고 생각한다.

에덴동산의 위치를 좀 더 상세히 설명해 주는 창세기 2장 8절에 따르면, 하나님은 해가 뜨는 동쪽에 에덴동산을 만드셨다고 한다. 여기서 '동방의'(동쪽에)는 히브리어로 미케뎀(miquedem, מִקֶּדֶם)이다. 흥미롭게도 미케뎀은 지역적인 의미뿐만 아니라 시간적인 의미도 갖는다. 두 가지 의미를 좀 더 자세히 살펴보자.

첫째, 지역적인 의미로는 '동쪽에, 동방의, 동쪽 방향에' 등의 의미를 가지고 있다. 한마디로, 동산은 에덴의 동쪽에 위치하고 있다는 말이다. 이는 동산의 특정한 장소를 가리킨다.

둘째, 시간적인 의미로는 '이전에, 옛날에, 고대에' 라는 뜻이다. 구약성경으로부터 몇 가지 예를 들면, 미가 7장 20절의 "주께서 옛적에 우리 조상들에게 맹세하신 대로" 에서 '옛적에' 가 미케뎀이다. 또 이사야 37장 26절의 "이 일들은 내가 태초부터 행한 바" 에서 '태초부터' 가 미케뎀이다. 또 다른 예로는, 이사야 46장 10절의 "아직 이루지 아니한 일을 옛적부터 보이고" 에서 '옛적부터' 가 시간적인 의미를 가진 미케뎀이다. 이와 같은 시간적인 의미를 창세기 2장 8절에 적용하면, "여호와 하나님이 옛적에 에덴에 동산을 창설하시고" 가 된다.

이처럼 미케뎀은 시간적인 의미와 지리적인 의미를 모두 가지고 있기 때문에 2장 8절은 시간적으로 혹은 지역적으로 번역될 수 있다. 그러나 창세기 3장 24절로 미루어 볼 때, 이를 시간적이 아니라 지역적인 의미로 이해하는 것이 더 타당하다고 본다. 3장 24절에 의하면, 아담이 죄를 짓고 에덴동산에서 쫓겨난 후 하나님은 에덴 동편(miquedem)에 그룹들과 불 칼을 두셨다고 했는데, 이는 분명 지역적인 뜻이므로 시간적으로는 해석할 수 없다. 에덴의 위치를 말하는 2장 8절에서도 지리적인 의미인 '동쪽에'로 이해하는 것이 더 타당하다고 본다.

창세기 2장 10-14절은 에덴동산의 위치를 보다 더 상세하게 기록하고 있다. 한 줄기의 강이 에덴에서 시작해서 동산을 적신 후에 거기로부터 갈라져 네 강의 근원이 된다고 했다. 네 강의 이름은 비손, 기혼, 힛데겔(티그리스) 그리고 유브라데(유프라테스)다. 이 중에서 오늘날 명칭으로 티그리스와 유프라테스는 메소포타미아 지역의 강들로서 오늘도 존재하지만 나머지 두 강은 알려지지 않았다. 비손은 갠지스 강을, 기혼은 이집트의 나일 강을 말한다고 하는 학자들도 있지만 별로 인정을 받지 못하고 있다. 더구나 지금까지 과학적인 연구나 발굴을 통해 이들 강이 실제로 존재했었다는 증거들도 거의 찾을 수 없다. 그러나 비손과 기혼 강에 대해 오늘 우리가 잘 알지 못한다고 해서 그러한 강들이 없었다고 말하거나 무시해 버려서는 안 된다. 이 점에서 우리는 프랑스의 복음주의 신학자 블로허(H. Blocher)의 말에 주목할 필요가 있다.

"지금은 잘 모르지만 언젠가는 모래에 묻혀 있는 비석들이 발견되어서 비손이나 기혼 강에 대해 분명히 더 밝혀질 날이 올 것이다. 하나님은 역사의 시작부터 아담과 하와를 사막이나 정글에 내던지지는 않으셨을 것이다."[75]

에덴동산이 동쪽에 있고 그 주위로 네 강이 흐른다는 것을 토대로, 신학자들은 티그리스 강과 유프라테스 강을 중심으로 한 메소포타미아 지역(이라크 근방)에 에덴동산이 있었을 것이라고 추측한다. 그런데 인류의 첫 조상 아담과 하와가 살았던 지역이 이방 나라인 바벨론 근방이라는 견해는 이스라엘 사람들의 자존심을 건드리는 일이다. 이스라엘 사람들은 하나님의 선민인데 아브라함의 첫 조상이 이스라엘 땅이 아닌 바벨론 지역에서 살았다니 말이다. 몇몇 유대 랍비들은, 에덴동산은 원래 창세기 2-3장에 나오는 지역이 아닌 다른 곳에서 만들어졌는데, 나중에 하나님이 드러내서 성경에 나오는 곳으로 옮기셨다고 주장한다. 그들은 창세기 2장 8절에 나오는 히브리어 단어 '나타'(nata, נטע)를 그 근거로 제시한다. 나타의 의미는 '심다'(to plant)이다. 랍비 하니나(Rabbi Hanina)[76]의 말을 인용하면, 먼저 그는 의문을 제기한다. "왜 하나님은 에덴동산을 창설하실 때 '창조하다'의 의미를 가진 '바라'(bara, ברא)를 사용하지 않고 '심다'의 뜻을 가진 '나타'를 사용하셨을까?" 그리고 나서 그는 그 이유를 다음과 같이 설명한다. "'하나님이 창조하셨다' 대신에 '하나님이 심으셨다'고 한 것은 동산이 이미 어딘가에 존재하고 있었음을 암시한다. 다시 말해서, 동산은 본래 이스라엘 지역에서 만들어졌는데 후에 에덴으로 옮겨졌다. 이는 마치 농부가 한 곳에 미리 씨를 뿌려서 식물들이 충분히 자란 후에 밭으로 옮겨 심는 것과 같다."

또한 창세기 2장 15절을 근거로 해서 몇몇 유대 학자들은 아담도 원래 이스라엘 지역에서 창조되었다고 주장한다. 그들은 2장 15절, "에덴동산에 두어"의 '두어'라는 말에 주목한다. '두다'는 히브리어로 '누하'(nuha, נוח)인데 기본 의미는 쉬다(to rest)이다. 이것이 히브리어 사역동사형 '히필'(Hiphil)로 사용되어서 '두다, 놓다'라는 뜻이 된다. 이는 '다른 곳으로부터 옮겨다 놓다'라는 뜻인데, 하나님이 아담을 다른 곳으로부터 옮겨다 놓으셨다는 것이다. 그렇다면 아담은 어디에서 창조되었는가? 아담은 그가 회개한 곳, 그리고 훗날 성전이 세워질 예루살렘에 있는 모리아 산(대하 3:1)에서 창조되었다고 그들은 주장한다.[77] 그러니까 아담은 일단 예루살렘, 즉 이스라엘 땅에서 창조된 후 메소포타미아에 있는 에덴동산으로 옮겨졌다고 이스라엘 사람들은 결론을 내린다. 잘 알려진 대로 메소포타미아는 훗날 아브라함이 출생한 곳이며, 하나님의 부르심에 따라 아브라함은 그 지역을 떠나 가나안 땅, 즉 이스라엘로 돌아오는 여행을 한다(창 11:31-12:1). 이런 식으로 이스라엘 사람들은 하나님의 구원의 역사를 선민 이스라엘을 중심으로 해석하고 설명하려고 한다.[78] 또한 아담이 일단 이스라엘 땅에서 창조되었다는 주장은 앞으로 이스라엘을 중심으로 펼쳐지는 하나님의 구속사를 이해하는 데 있어 서곡이 된다고 하겠다.[79]

사실 에덴동산이 언제 창조되었으며 어디에 있었는지에 대해서는 정확히 알 수 없다. 노아 홍수 때 사라져 버렸기 때문에 추적한다 해도 알 길이 없다. 어쩌면 이러한 것들은 별로 중요하지 않기 때문에 성경 기록에서 빠졌을지도 모른다. 그러나 중요한 것은, 지구상에 한때 실제로 존재해 있었다는 것을 분명히 믿는 것이다. 오늘 우리가 가정할 수 있는 것은 해 뜨는 곳, 즉 동쪽에 있었으며 네 강이 흘러서 땅이 비옥하고 풍요롭고 참으로 아름다운 동산이었다는 것이다. 그야말로 훗날 이사야 5장 1-2절에 묘사된 대로 기름진 산에 심어진 좋은 포도원과 같은 곳이었다. 아담과 하와는 이처럼 기름지고 아름다운 땅에서 인생의 첫 출발을 하게 되는데, 하나님이 원하시는 대로 좋은 열매를 맺어야 할 것이다. 이것이 바로 하나님이 인간을 창조하신 목적이기도 하다.

흥미롭게도 키프리아누스(Cyprian), 에리우게나(J. S. Eriugena)와 같은 몇몇 학자들은 에덴동산을 상징적으로 혹은 영적으로 해석한다. 키프리아누스[80]에 따르면, 낙원은 교회를 말하고 동산에 있는 나무들은 교회에 속한 교인들을 가리킨다. 동산에 흐르는 네 강은 네 복음서를 의미한다. 마치 네 강이 에덴동산에 있는 나무들을 적셔 준 것처럼, 이 네 복음서를 통해 구원에 이르는 유익한 물줄기가 교인들에게 공급된다. 그러므로 누구든지 좋은 열매를 맺지 못하면 잘린 후 불 속에 던져진다. 아일랜드 출신 신학자 에리우게나[81]도 에덴동산의 이야기를 비유적으로 설명한다. 아담은 이성, 하와는 감성, 뱀은 쾌락 그리고 네 강은 신중, 절제, 용기, 정의와 같은 네 가지 기본 덕목으로, 강은 바로 예수 그리스도시라는 것이다. 비슷하게 위경 희년서(Jubilees) 3장 12-13절도 에덴동산은 가장 성스러운 지성소라고 한다.

한편 성 어거스틴[82]은, 비유적이고 영적인 해석은 장차 다가올 일들에 대한 예언적인 징조가 되기 때문에 누구도 반대할 사람은 없을 것이라고 말한다. 그 스스로도 에덴동산에 있는 나무의 열매들을 사랑, 기쁨, 평화, 인내, 친절, 자비, 신실, 부드러움, 자기 절제와 같은 영적인 열매들이라고 상징적인 해석을 한다. 그러나 에덴동산은 실재하지 않으며 영적인 교훈을 위해 만들어진 이야기라는 견해에 대해서는 단호히 거부한다. 그는 에덴동산이 실제로 존재했다는 역사적인 진리를 희생시키지 않는 전제 아래서만 영적인 해석을 받아들일 수 있다고 강조한다.

우리가 특히 주목할 것은, 에덴동산을 나타내는 낙원을 신약에서는 종말론적(eschatological)으로 이해하는 경향이 깊다는 점이다. 에덴동산은 더 이상 지구 위에 존재하는 지리적인 장소가 아니라 의인들이 사후에 거할 영원한 처소를 상징한다. 신약에 보면 낙원이라는 말이 세 번(눅 23:43; 고후 12:4; 계 2:7) 나오는데, 세 곳 다 종말론적인 의미로서 하나님과 인간 사이의 완전한 교제를 즐기는 축복된 곳을 의미한다. 먼저 누가복음 23장 43절에 보면, 예수님은 당신의 오른쪽 십자가에 달려서 회개하고 죽어 가는 강도에게

"오늘 네가 나와 함께 낙원에 있으리라"고 하셨다. 강도는 죽는 즉시 낙원에서 그리스도와 더불어 축복된 삶을 누린다는 말이다. 그다음 고린도후서 12장 4절을 보면, 바울이 비몽사몽간에 낙원에 간 경험을 말한다. 바울은 하늘(고후 12:2)과 낙원(고후 12:4)을 구별하지 않고 번갈아 가면서 사용한다. 그는 낙원에 가서 인간의 말로는 다 표현할 수 없는 신비의 경험을 한다. 요한계시록 2장 7절에서도, 역사의 종말에 끝까지 믿음을 지킨 자들이 낙원에 있는 생명나무 열매를 먹으면서 그리스도와 함께 축복된 삶을 누리는 것을 얘기한다.

신약에 나오는 이러한 구절들은 역사의 시작에 존재했던 잃어버린 낙원을 말하는 것이 아니라, 역사의 종말에 회복될 영원한 나라를 상징한다. 거기에서 구속받은 자들은 주님과 더불어 온전한 교제를 누리면서 더없이 행복하고 축복된 삶을 누리게 된다. 요한계시록 21장 1-7절과 21장 22절부터 22장 5절까지는 역사의 종말에 회복될 영원한 에덴을 보다 상세히 설명하고 있다. 그곳은 그리스도가 그의 신부, 곧 그의 백성을 위해 준비하고 계신 거룩한 도시, 새 예루살렘이다. 그곳에서 하나님은 끝까지 이긴 자들과 영원토록 함께하신다. 특히 22장 1-2절의 "그가 수정같이 맑은 생명수의 강을 내게 보이니 하나님과 및 어린 양의 보좌로부터 나와서 길 가운데로 흐르더라"에 나오는 생명수의 강은 창세기 2장 10-14절의 에덴동산에 있었던 네 강을 연상시킨다.

결국 오늘 우리에게 가장 중요한 것은 옛날에 존재했던 지리적인 에덴을 찾는 것이 아니라, 제2의 아담이신 예수 그리스도를 통해서 참되고 영원한 에덴동산을 추구하는 것이다.[83] 그분은 잃어버린 에덴을 회복시키고 우리 구원의 기초가 되려고 오셨다. 잃어버린 에덴을 찾는 것은 더 이상 소용이 없을 뿐만 아니라 아무런 의미도 없다.

5장

하나님의 첫 계명: 동산을 경작하며
지키라

창세기 2장 8절과 15절을 볼 때 아담은 분명히 에덴동산 밖 어
디에선가 창조된 후 동산 안으로 옮겨졌다. 유대 문헌 미드라쉬
라바와 아람어 성경 타르굼(Targum Jonathan, 3:23)에 의하면, 아담이
창조된 곳은 아브라함이 그의 약속된 아들 이삭을 제물로 바치려
했고 후에는 솔로몬 왕이 성전을 지은 모리아 산(대하 3:1)이다. 이
와 달리 위경 희년서(3:32)는 아담이 엘다 땅에서 창조되었다고 한
다. 하와는 에덴동산 안에서 창조되었는지 아니면 동산 밖에서 창
조되었는지가 분명하지 않다. 혹자[암브로스(Ambrose)]는 하와가 동
산 안에서, 혹자[이븐 에즈라(Ibn Ezra)]는 동산 밖에서 창조되었다고
한다. 인류의 첫 조상인 아담과 하와는 인간적으로 볼 때 외로운
점이 없지 않다. 그들은 태어난 것(bom)이 아니라 창조되었기에
(created) 영적인 아버지(하나님)는 계시지만 육신적인 어머니는 계
시지 않기 때문이다. 굳이 육신적인 어머니를 찾는다면, 하와의

어머니는 아담이고 아담의 어머니는 흙이다.

아담이 에덴동산에서 인생의 첫 출발을 하려고 할 때 하나님은 그에게 두 가지 의무 혹은 과제를 주신다: 에덴동산을 경작하며 지키라. 이 두 가지 과제는 어찌 보면 인간에게 주신 하나님의 첫 번째 명령이다. 그런데 놀랍게도 하나님의 명령이 기록된 창세기 2장 15절에 보면 문법적으로 맞지 않는 표현이 나온다. 동산은 히 브리어로 '간'(gan, גן)인데 남성 명사다. 그러나 '그것을 경작하며 지키라'는 구절의 에덴동산을 가리키는 '그것'(it)은 남성이 아니 라 여성 대명사다. 그래서 네덜란드 신학자 반 볼데(E. J. van Wolde)[84]와 같은 학자들은 대명사 '그것'이 동산이 아닌 땅 전반을 가리킨다고 주장한다. 땅은 히브리어로 '아다마'(adama, אדמה)라고 하는데, 이는 여성 명사이기 때문이다. 그들이 주장하는 대로 하 나님의 명령을 다시 표현하면, 아담은 에덴동산에 속한 땅 전반을 다스리고 지킬 의무가 있다.

그러나 일부 학자들의 이와 같은 해석은 히브리어 문법만 강조 한 것으로 잘 맞지 않는 것 같다. 이유는 두 가지다. 첫째는, 창세 기 2장 8절부터 흘러가는 전체 문맥이 에덴동산에 역점을 두고 전 개되기 때문이다. 둘째는, 히브리어 단어 '동산'은 사실 남성형과 여성형이 모두 가능하기 때문이다. 이사야 1장 30절이나 61장 11 절에 보면 '동산'의 여성형인 가나(gana, גנה)가 나온다. 이처럼 히 브리어 단어 '동산'은 남성 명사와 여성 명사가 모두 가능하기 때문에 2장 15절에서 비록 남성 대명사 대신 여성 대명사를 사용했을지라도 이는 여전히 에덴동산을 가리키는 것으로 보아야 한다.

그렇다면 동산을 경작하며 지키라는 두 동사의 의미는 무엇일까? 구약 신학자들은 이 두 단어가 실제로 무엇을 의미하는지는 참으로 알기 어렵다고 한다. 더군다나 2장 15절에서 두 단어가 비슷하게 사용되었기 때문에 그 단어들 간의 의미를 구별하기가 더욱 어렵지만, 이 동사들은 각각 신학적으로 아주 깊은 뜻이 있다고 생각한다. 이 동사들의 의미를 보다 더 정확히 알고 그 차이를 구별하기 위해서는 히브리어 동사를 분석하는 것이 중요하다. 히브리어로 '경작하다'는 '아바드'(abad, עבד)이고 '지키다'는 '솨말'(shamar, שמר)이다. 2장 15절에 나오는 아바드와 솨말이라는 두 히브리어 동사의 시제는 부정법(The Infinitive Construct of Qal with Feminine Suffix)형이다. '경작하며 지키다'의 보다 깊은 의미를 알기 위해서는 이 두 낱말의 의미를 우선 언어적으로 살펴본 다음 성경적, 신학적으로 분석할 필요가 있다. 이런 방법으로 연구하면 지나치게 교리화하지 않는 범위 내에서 다음의 세 가지 단계로 이 두 단어의 중요한 의미를 이끌어 낼 수 있다.

1. 일차적으로 가장 기본적인 의미

아바드의 일차적이고 가장 기본적인 의미는 실제로 동산 일을 하는 것이다. 땅을 갈아 곡식이나 채소를 심고, 물도 주고 거름도 주어서 곡식이 잘 자라고 좋은 열매를 맺도록 하는 것이다. 예를 들면, 창세기 3장 23절에서 하나님이 아담을 동산에서 쫓아내신 후 토지를 갈게 하셨다고 했는데 '갈게 하다'(to work)라는 동사가 아바드의 부정법형이다. 또 출애굽기 20장 9절에서 "엿새 동안은 힘써 네 모든 일을 행할(to labor) 것이나"라고 했는데, 여기서 '행하다'가 아바드 동사의 미래형이다.

이쯤 되면 마음속에 의혹이 일어난다. 에덴동산에서는 모든 식물이나 과일들이 저절로 잘 자라고, 잡초도 없어서 풀을 뽑을 일도 없으며, 더군다나 주변의 네 강을 통해 일종의 관개시설도 자연적으로 잘되어 있는데 왜 아담이 일할 필요가 있는가 하는 의혹이다. 인간이 노동을 시작한 것은 아담이 죄를 짓고 난 이후부터가 아닌가? 물론 먹고살기 위해서 이마에 땀을 흘리면서 마지못해 하는 힘든 노동은 타락 이후부터지만, 에덴동산이라고 해서 일 자체가 면제된 것은 아니다. 즐거운 마음으로 하는 가벼운 노동은 에덴동산에서도 있었다. 신학자 플랜더즈(H. J. Flanders)[85]는 매우 의미 있는 말을 한다. "창조자 하나님도 천지를 창조하는 등 일을 하시는데 피조물인 아담이 일을 하는 것은 당연하지 않은가?" 예수님도 이 세상에 계실 때 말씀하셨다. "내 아버지께서 이제까지 일하시니 나도 일한다"(요 5:17). 인간은 처음부터 일을 해야 한다는 것이 하나님의 섭리다. 이는 창세기 2장 5절에서 분명히 나타난다. "여호와 하나님이 땅에 비를 내리지 아니하셨고 땅을 갈 사람도 없었으므로 들에는 초목이 아직 없었고 밭에는 채소가 나지 아니하였으며." 여기서 '갈다'라는 단어가 바로 아바드 동사로서, 이 땅에서 일하는 것이 인간의 의무임을 보여 주고 있다. 창조가 진행된 순서를 시간적으로 볼 때에도 인간은 일을 하기 위해서 창조되었다는 것을 확인할 수 있다. 창세기 2장 5절은 2장 15절의 동산을 경작하며 지키라는 명령보다 앞선다. 창세기 3장에 나오는 아담의 타락보다 더욱 앞선다. 사실 2장 5절의 기록은 아담을 창조하기도 전에 하신 말씀이다. 아담을 창조하기도 전에 앞으로 아담이 창조되면 일할 것을 기대하신 것이다.

결국 아바드의 일차적이고 기본적인 의미는, 인간은 일을 해야 하는 것이다. 열심히 일해서 노동의 결과로 얻게 되는 혜택을 누리고 즐거워하는 것이다. 일하는 것은 진정한 의미에서 인간이 창조된 목적이며, 이는 운명적으로 타고난 것이라 하겠다. 그러므로 일은 부끄러운 것이 아니라 하나의 축복이다. 부끄러운 것은 그야말로 일하지 않고 놀고먹는 것이다.

쇼말의 일차적이고 기본적인 의미도 동산을 잘 경비하고 보호하는 것이다. 창세기 30장 31절에 보면 야곱이 "내가 다시 외삼촌의 양 떼를 먹이고 지키리이다"라고 했다. 여기서 '지키리이다'(to watch over)는 쇼말 동사의 미래형이다. 사무엘상 26장 15절에서는 다윗이 아브넬에게 "네가 어찌하여 네 주 왕을 보호하지 아니하느냐"라고 했는데, 여기서 '보호하다'(to guard)가 쇼말의 완료

형이다. 이처럼 쇄말의 일차적인 의미는 실제로 동산을 지키고 보호하고 경비하는 것이다. 그렇지 않으면 동산이 거칠어지고 훼손될 수도 있다.

그럼 무엇으로부터 동산을 지키고 보호해야 하는가? 어떤 사람들은 야생동물이나 들짐승이 들어와서 동산을 짓밟고 더럽히는 것을 막아야 한다고 한다. 도둑이나 강도로부터 동산을 지키고 경비해야 한다고 생각하는 사람들도 있다. 그러나 아직 들짐승도 없고, 도둑이나 강도도, 악한 의도를 가지고 돌아다니는 여행객도 없는 것을 감안할 때 위의 해석들은 잘 맞지 않는 것 같다. 어떤 사람들은 악마나 사탄으로부터 지키고 보호해야 한다는 뜻으로 해석하기도 한다. 그러나 아직은 아담이 죄를 짓지 않았고, 따라서 죄가 에덴동산에 들어오지 않았기 때문에 악한 세력의 침투를 가정하는 것은 맞지 않는 것 같다. Nelson KJV도 사탄으로부터 보호하는 것으로 보지 않는다.

이 점에서 우리가 생각할 것이 있다. 만일 우리가 죄의 기원을 오로지 아담으로부터만 생각한다면 사탄으로부터 동산을 보호한다는 것은 맞지 않을 수도 있다. 그러나 좀 다른 각도에서 보면 악한 세력이 이미 존재하고 있었을 가능성을 전적으로 배제할 수 없다. 왜냐하면 성경 전체를 볼 때 아담이 죄를 짓기 이전에 천사의 타락으로 인해 이 세상에는 악한 힘이 활동하고 있었음을 감지할 수 있기 때문이다. 슐라이어마허(F. Schleiermacher)[86]와 같은 학자들은 죄로 향하는 경향이 아담과 하와가 죄를 짓기 전에 이미 그들 속에 잠재하고 있었다고 생각한다. 말하자면 인간은 악의 창시자가 아니라 이미 존재하고 있는 악을 따라서 행한 자다. 아담과 하와가 이러한 악한 힘에 의해 유혹을 받고 타락한 것을 감안한다면, 에덴동산을 악마나 사탄의 유혹이나 위협으로부터 막아야 한다는 것은 부정할 수 없을지도 모른다.

한편 반 볼데[87]는 조금 다른 각도에서 이해한다. '지키다'(솨말)라는 말은 잃어버릴지도 모른다는 가능성을 함축하고 있다. 대개 잃어버릴지도 모르는 것들이 보호와 경비를 필요로 하기 때문이다. 그러므로 '지키라'는 명령은 누군가로부터, 무엇으로부터, 혹은 밖으로부터 오는 위험으로부터 지키라는 의미를 내포하고 있다. 다음 구절인 2장 16-17절에서 하나님은 아담에게 잃어버릴지도 모를 가능성을 제시하신다. 금지 명령(The Prohibition)이 아담에게 주어진다. 아담이 에덴동산에서 계속 살기 위해서는 하나님의 명령을 잘 지키고 범하지 말아야 한다. 그렇지 않으면 그는 동산을 잃어버리게 될지도 모른다. 즉, 동산을 지키라는 하나님의 명령은 밖으로부터 오는 어떤 위협이라기보다는 자기 자신으로부터, 즉 안에서 오는 유혹으로부터 자기 자신을 지키고 보호해야 하는 것이다. 유혹에 넘어가 자기 자신을 지키지 못하면, 다시 말해서 하나님의 명령을 어기면 궁극적으로 낙원을 잃어버릴 수도 있다. 반 볼데는 이런 식으로 지키라는 명령을 하나님의 금지 명령과 연결시킨다. 반 볼데의 이러한 해석은 깊은 의미가 있는 것 같기도 하나, 2장 15절의 문맥으로 볼 때 쇠말의 일차적 의미인 동산 자체를 지키고 보호하는 것으로 이해하는 것이 좋을 것 같다.

결국 아바드와 쇠말 두 동사의 일차적인 의미는 맡겨진 일에 대한 인간의 노력과 책임을 의미한다. 누군가가 말한 대로, 하나님은 먼저 천지를 창조하셨다. 그다음은 인간이 그들 자신에게 맞도록 세계를 만들어 나가야 한다. 드라이버[88]가 바르게 지적한 대로, 하나님의 질서는 인간이 앞으로 나아가는 것이다. 하나님으로부터 받은 자신의 재능과 능력을 기르고 사용해서 문명과 문화를 발전시켜 나감으로써 이 세상을 살기 좋은 곳으로 만드는 것이다.

한 걸음 더 나아가, 아바드와 쇠말에는 자연을 잘 가꾸고 보호해야 한다는 의미도 담겨 있다. 사실 계속되는 산업화와 기계화로 말미암아 자연이 훼손되었고, 지구의 재난이 과거에 비해 더욱 많아졌다. 이런 일들이 계속된다면 앞으로 언젠가는 우주적인 재앙이 올지도 모른다. 한 예로, 탄산가스의 지나친 배출로 말미암아 오존층이 무너져 내려 지구 온난화를 가져옴으로써 빙하가 녹아내리고 기후가 극적이며 재난적으로 변하고 있다. 자연을 잘 관리하지 않는 것은 자연 손상의 죄로서 하나님의 법을 어기는 것이며, 그 해는 고스란히 인간에게로 돌아온다.

2. 이차적으로 윤리·도덕적인 의미

아바드의 보다 깊은 의미는 다른 사람을 섬기고 봉사하라는 것이다. 이 동사로부터 '아보다'(aboda, עבודה)와 '에베드'(ebed, עבד)라는 명사형이 나온다. '아보다'는 봉사(service)라는 의미이고, '에베드'는 종(servant)이라는 뜻이다. 이처럼 아바드라는 단어 자체에 인간은 자기 자신만을 위해 살아서는 안 되는, 다른 사람을 위해 종의 사명을 다해야 한다는 의미를 내포하고 있다. 우리가 잘 아는 대로, 출애굽기 20장과 신명기 5장에 기록된 십계명은 우리에게 이러한 지침을 잘 보여 주고 있다. 첫 번째부터 네 번째 계명까지는 마음을 다하고 정성을 다해서 하나님을 섬기라고 말하고 있다. 그다음 다섯 번째부터 마지막 열 번째까지는 이웃을 사랑하고 봉사하라고 명령하고 있다. 한마디로 말해서, 비록 하나님과 나와의 관계가 아주 중요하지만 이웃과 사회에 대한 관계도 결코 무시해서는 안 된다는 것이다. 이웃을 사랑하고 그들을 위해 봉사하는 것은 기독교의 핵심이 되는 요소며, 따라서 사랑과 봉사가 결핍된 기독교는 별로 의미가 없다고 하겠다. 독일의 순교자 본회퍼(D. Bonhoeffer)[89]의 말을 옮기면, "교회는 다른 사람들을 위해서 존재할 때만 교회"다. 예수님도 이 땅에 오신 목적이 섬김을 받는 게 아니라 섬기기 위함이라고 말씀하셨다(마 20:28).

그러나 웨스터만(C. Westermann)[90]이 잘 지적한 대로, 지금까지 기독교 역사는 창세기 3장을 중심으로 하나님에게 불순종함으로써 깨어진 하나님과의 관계만을 강조해 왔다. 창세기 4장에서 가인이 아벨을 죽임으로써 발생된 깨어진 형제 관계, 더 나아가 이웃과 사회와의 관계는 도외시된 경향이 있다. 하나님을 향한 헌신과 공동체 안에서 행해야 할 의무는 분리될 수 없다는 사실에도 불구하고 이웃과 사회를 향한 관심, 한마디로 사회적인 책임은 지금까지 충분히 다뤄지지 않은 것 같다.

쇠말의 도덕적이고 윤리적인 의미도 에덴동산을 실제로 잘 관리하는 것이다. 강조는 동산을 잘 관리하는 것이다. 일종의 행정적인 혹은 관리적인 능력과 의무에 초점이 맞춰진다. 동산은 하나님이 만드셨으며, 따라서 동산의 진짜 주인은 하나님이시다. 아담은 하나님에 의해 위임받은 일시적인 동산 관리인에 지나지 않기 때문에 그는 동산을 잘 지키고 관리해야 할 책임이 있다. 여기서 우리는 훗날 신약에서 더 분명하게 나타나는 청지기 사상, 즉 종은 주인의 재산을 정직하게 잘 관리해야 하는 개념을 발견할 수 있다.

3. 가장 깊은 차원으로서의 종교적이고 영적인 의미

성 어거스틴 이후 많은 학자들은 아바드와 쇠말의 의미를 종교적·영적인 차원에서 악을 멀리하고 성경 말씀을 따라 살면서 자기 영혼을 잘 보살피라는 뜻으로 해석한다.

아바드는 그 단어 자체가 하나님을 섬기고 예배하라는 의미를 포함하고 있다. 예를 들면, 출애굽기 3장 12절의 "네가 그 백성을 애굽에서 인도하여 낸 후에 너희가 이 산에서 하나님을 섬기리니"에서 '섬기다'(to worship)가 히브리어 동사 아바드의 미래형이다. 또 시편 100편 2절의 "기쁨으로 여호와를 섬기며"에서 '섬기다'가 아바드 동사의 명령형이다. 이처럼 아바드의 가장 깊은 의미는 하나님을 믿고 섬기며, 말씀에 순종하는 것이다. 마틴 루터[91]에 따르면, 하나님을 섬기는 일은 이미 에덴동산에서 시작되었다고 한다. 금요일에 창조된 아담이 그다음 날 안식일 아침에 첫 번째 한 일은 하나님에게 예배드리는 일이었다.

비슷하게 솨말의 가장 깊은 의미도 하나님의 말씀을 묵상하고, 그 말씀을 지키면서 순종하는 것이다. 신명기 5장 12절은 "안식일을 지켜(shamar) 거룩하게 하라"고 말씀한다. 에스겔 17장 14절도 '언약을 지켜야(shamar)' 한다고 말한다. 축복과 저주의 장이라고 불리는 신명기 28장은 솨말이 담고 있는 이러한 뜻을 가장 대표적으로 보여 주고 있다. 이 장에는 솨말이라는 단어가 여러 번 나오는데, '순종하다'(to obey)와 '지키다'(to keep)라는 뜻으로 번갈아 가면서 번역되었다. 하나님의 말씀을 읽고 묵상하고 순종하면서 하나님을 기쁘시게 하는 자들에게는 복을 내려 주시고, 반대로 하나님의 말씀에 귀를 기울이지 않고 순종치 않는 자들에게는 하나님의 저주가 임한다고 한다.

결론적으로 '경작하다'(아바드)와 '지키다'(솨말)는 위에서 언급한 대로 세 가지 차원에서 해석될 수 있다. 첫째, 인간은 육신적인 일을 하면서 노동의 결과로부터 얻게 되는 혜택을 누려야 한다. 또한 유혹에 빠지지 않도록 자기 자신을 잘 돌봐야 한다. 둘째, 우리는 이웃과 세상에도 관심을 가져야 한다. 인간은 이웃과 사회를 돌봐야 할 도덕적·윤리적인 의무가 있기 때문이다. 또 하나님으로부터 위임받은 일들은 청지기로서 정직하고 충실하게 관리해야 한다. 마지막으로 셋째, 하나님의 말씀을 읽고 묵상하고 순종하면서 하나님을 섬기는 일에 최선을 다해야 한다. 진실로 아바드와 솨말은 하나님이 우리 인간들에게 주신 첫 번째 계명이 아닐 수 없다.

6장

생명나무

창세기 2장 9절에 보면 에덴동산에는 세 종류의 나무가 있었다. 첫째는 여러 종류의 일반 나무들이다. 둘째는 선악을 알게 하는 나무고, 셋째는 생명나무다. 이 나무들은 보기에 아름답고 먹음직스러웠다. 이 모든 탐스러운 나무들 중에서도 에덴동산 한가운데 서 있는 두 나무, 곧 선악과나무와 생명나무가 우리의 특별한 호기심과 관심을 끌게 한다.

선악과나무와는 달리 생명나무는 창세기 2-3장을 제외하고도 은유적인 표현이든 상징적인 표현이든 간에 성경의 다른 곳(잠 3:18, 11:30, 13:12, 15:4; 계 2:7, 22:2, 14, 19)과 외경(2 Enoch 8:3, 4 Ezra 8:52)에서 자주 발견된다. 예를 들면, 잠언은 생명나무를 지혜와 정의의 상징으로서 묘사한다. 요한계시록에서는 은유적으로 영적인 축복과 관계된다. 요한계시록 2장 7절의 "이기는 그에게는 내가 하나님의 낙원에 있는 생명나무의 열매를 주어 먹게 하리라"는 말씀은, 우리에게 생명나무는 역사의 마지막 날에 끝까지 승리한

축복된 하나님의 자녀들에게 부여되는 상이라고 상징적으로 말하고 있다.

뿐만 아니라 생명나무는 고대 근동의 문헌들, 말하자면 바벨론의 길가메시 서사시(XI, 266-295)라든지 아다파 서사시에도 나온다. 특히 니느웨에서 발견된 네 편으로 된 아다파 서사시는 생명나무를 지혜의 하나님이 그의 제사장 아다파에게 지혜를 주는 방법과 연결시킨다. 그러나 오직 한 분이신 하나님을 강조하는 성경과 달리, 아다파 서사시는 다신론적이며 영생에 대한 언급도 없다.

생명나무와 선악과나무에 관련해서 우선 생각할 것은, '이 나무들은 각각 다른 나무인가, 혹은 같은 나무인데 두 가지 다른 이름을 가지고 있는 것인가' 이다. 붓데(Budde)[92] 등 몇몇 학자들은 생명나무가 먼저 있었는데 선악과나무라는 이름이 나중에 부과되었다고 한다. 생명나무라는 이름은 창세기뿐만 아니라 잠언이라든가 시편, 또는 요한계시록 등 성경의 많은 곳에서 언급되는 반면, 선악과나무는 오로지 창세기 2-3장에만 나타난다며 그 이유를 설명한다. 이들과 달리 궁켈(H. Gunkel)[93]과 같은 학자들은, 창세기 2-3장은 오로지 선악과나무만 다루고 있지만 나중에 또 다른 이름인 생명나무가 붙여졌다고 말한다. 그들은 두 가지 관점에서 그들의 이론을 풀어 가는데, 첫째, 선악과나무는 창세기 2-3장에서 계속 언급되는 반면, 생명나무는 이 두 장을 통틀어 단지 서론(2:9)과 결론(3:22, 24)에서 세 번 나오는 것 외에는 더 이상 언급되지 않는다는 것이다. 둘째, 창세기 3장 3절, 11절, 12절과 17절을 꼼꼼히 읽어 보면 그 구절들은 에덴동산 가운데 서 있는 한 그루의 나무, 즉 선악과나무에 대해 말하고 있는 것을 느끼게 된다고 그들은 주장한다. 흥미롭게도 몇몇 유대 랍비들은, 비록 두 나무를 연결하는 정확한 부분을 하나님 외에는 아무도 모르지만, 생명나무와 선악과나무의 뿌리는 하나였다고 생각한다.

앞서 여러 가지 견해들이 소개되었지만, 모두가 동의하는 정확한 결론은 지금까지 나오지 않고 있다. 이 이슈를 바르게 해석하는 것이 우리의 이해를 초월한다면, 우리는 선악과나무와 생명나무는 서로 다른 별개의 두 나무였다는 전제로부터 출발해야 할 것이다.

그렇다면 생명나무와 선악과나무가 별개의 다른 나무일 경우, 이들은 각각 한 그루씩만 있었을까, 아니면 각각의 작은 숲(grove)을 형성하고 있었을까? 이에 대해 칼뱅[94]은, 그 나무들이 각각 한 그루씩만 있었는지 혹은 두 종류의 나무들이 여럿 있었는지는 대답하기 어렵지만 상관이 없다고 말한다. 반면 루터[95]는 에덴동산 중앙의 어떤 특정 지역에 여러 그루의 생명나무와 선악과나무가 작은 숲을 형성하고 있었을 것이라고 생각한다.

생명나무와 관련해서 우리의 호기심을 자아내는 질문은, '생명나무는 정말로 나무 자체에 특별한 성분과 효험을 가지고 있었는가? 그렇다면 이 나무는 어떤 기능이나 효험을 가지고 있었는가?' 일 것이다.

대부분의 신학자들은 생명나무 자체로 그 열매를 먹는 사람에게 불후를 부여하는 특별한 기능이나 효험을 가졌다는 것을 부정한다. 생명나무 속에 내적인 효험을 지니고 있어서가 아니라, 하나님이 그 나무를 생명력 있게 하셨다고 칼뱅[96]은 설명한다. 루터[97]도 생명나무 자체에 생명력이 있는 게 아니라, 하나님의 말씀의 능력을 통해서 생명력을 가졌다고 강조한다. 아담과 하와가 죽지 않고 영원히 사는 것은 생명나무 열매를 먹어서가 아니라, 선악과나무와 연결해서 하나님의 약속의 말씀에 순종함으로 가능해지는 것이다. 강조는 생명나무가 가진 마술적인 힘에 있는 게 아니라, 하나님의 말씀에 순종하느냐 혹은 불순종하느냐의 테스트에 있다.

이에 반해 몇몇 학자들은 생명나무 자체가 어떤 특별한 속성(properties)이나 효험(efficacies)을 지니고 있다고 생각한다. 생명나무 열매에는 일종의 마술적인 혹은 영적인 힘을 가진 성분이 있어서 이 나무 열매를 먹으면 비상한 효력을 낳는다고 한다. 그럼 어떤 효력이 일어날까?

첫 번째는, 치료와 장수(Healing and longevity)[98]다. 생명나무 열매를 먹으면 늙지도 않고, 주름살도 생기지 않으며, 질병을 예방해서 오래오래 산다고 한다. 어떤 사람들은 한 번만 먹어도 그러한 효력이 나타난다고 하는가 하면, 또 다른 사람들은 한 번만 먹어서는 되지 않고 계속해서 끊임없이 먹어야 된다고 이야기한다. 성경에 기록된 인물 중에서 제일 오래 산 사람은 무드셀라인데, 969세까지 살았다. 아담은 930세에 죽었는데, 만일 아담이 생명나무 열매를 계속 따 먹었더라면 훨씬 오래 살 수 있었을 뿐 아니라, 아마도 죽음을 맛보지 않고 영생할 수도 있었을 것이라 말한다.

두 번째는, 불후와 영생(Immortality and eternal life)[99]이다. 창세기 2장 7절, "여호와 하나님이 땅의 흙으로 사람을 지으시고 생기를 그 코에 불어넣으시니 사람이 생령이 되니라"를 볼 때, 원래 아담은 죽지 않고 영원히 살 수 없으며 영생이나 불후는 처음부터 하나의 잠정적인 가능성으로서 주어졌다. 프레타임(T. E. Fretheim)에 의하면, 하나님은 아담이 생명나무 열매를 계속해서 따 먹을 수 있는 기회를 주시면서 불후 혹은 영생의 가능성을 아담에게 특별한 선물로 부여하셨다. 생명나무는 의의 열매이고, 생명나무 열매를 먹는 것은 하나님과 영적인 교제를 계속해서 나누는 것을 상징한다. 다시 말하면, 불후는 인간이 하나님과 어떤 관계를 맺고 있는가에 달려 있다. 아담은 불순종해서 이 관계를 깨뜨림으로써 불후할 수 있는 기회를 영원히 놓치고 말았다. 구약 신학자 알리스(O. T. Allis)도 요한복음 6장 51-58절과 15장 1-4절을 인용하면서, 만일 아담과 하와가 생명나무로부터 분리되지 않고 그 열매를 계속 따 먹었더라면 그들은 건강하게 오래오래 살 수 있었을 뿐 아니라 죽음이 없는 불후를 누릴 수 있었을 것이라고 말한다. 그러나 그들은 에덴동산에서 쫓겨남으로써 이러한 가능성을 상실하고 말았다.

세 번째는, 성만찬적인 기능(Sacramental function)[100]이다. 성 어거스틴은, 생명나무는 일종의 성만찬으로서 영혼을 살찌우는 지혜를 상징하며 인간에게 생명의 근원이 된다고 말한다. 실제로 생명나무 열매는 진짜 음식인데, 다른 음식들과는 달리 신비스러운 생명력의 소통을 통해 사람들의 몸에 지속적인 건강과 활력을 주는 힘을 가지고 있다. 생명나무 열매를 먹으면 영적인 일들의 신비스러움을 경험하게 되며, 몸이 부패되는 것을 막아 주기 때문에 영생에 참여할 수 있도록 해 준다. 그러나 아담과 하와가 이 특권적인 위치를 잃어버렸을 때 그들의 육신은 질병과 죽음에 종속되게 되었다.

델리치(F. Delitzsch)와 같은 근대 신학자들도 생명나무의 성만찬적인 기능을 강조한다. 그에 의하면, 인간은 성만찬적인 방식으로 불후의 능력을 지니고 있는 생명나무의 열매에 참여함으로써 육체적인 죽음이 없는 높은 단계로 승화될 수 있다. 오직 생명나무 열매를 먹음으로써, 달리 말하면 순종을 통해 하나님과 교제함으로써만 인간은 그 속에 잠재적으로 심겨진 선을 실제적인 선으로 승화시키고, 그의 본성의 하나로 주어진 선택의 자유를 긍정적인 자유로 승격시키는 등 이상적인 완성의 단계로 나아갈 수 있다.

반면에 블로허[101]와 같은 학자들은 생명나무가 가진 성만찬적인 기능에 의문을 제기한다. 우선 3장 22절을 보면, 영생하는 것과 생명나무 열매를 먹는 것은 서로 연결되어 있는 것처럼 보이므로 성만찬적인 원칙에 맞지 않는다. 또한 믿음과 순종은 성만찬적인 기능의 전제조건인데 처음부터 아담은 하나님에게 불순종하고 하나님과의 관계를 깨뜨림으로써 성만찬을 할 자격이 없었다고 블로허는 주장한다.

이 시점에서 우리의 호기심을 자아내는 것은, '아담과 하와는 에덴동산에서 쫓겨나기 이전에 생명나무 열매를 먹었을까, 먹지 않았을까?' 일 것이다.

먼저, 먹었다는 주장[102]을 살펴보자. 창세기 2장 17절에서 하나님이 아담에게 명령을 내리실 때, 선악과나무의 열매는 먹지 말라고 하셨지만 생명나무 열매에 대해서는 별다른 언급이 없으시다. 더 나아가 2장 16절을 보면, 동산에 있는 나무들의 열매는 마음대로 먹을 수 있다고 하셨다. 이 두 명령을 종합해 볼 때 생명나무 열매는 아담에게 먹어도 된다고 허락된 여러 나무들 중의 하나다. 그러므로 아담과 하와가 그들이 타락하기 전에 생명나무 열매를 다른 나무들의 열매처럼 따 먹었을 가능성이 상당히 높다고 하겠다. 또한 불순종한 아담이 생명나무 열매를 따 먹지 못하도록 하신 하나님의 결정(창 3:22)은 아담이 전혀 그 열매를 먹지 않았다는 것과는 아무 상관이 없는 이야기라고 블로허는 주장한다.

그렇다면 이제는 먹지 않았다는 주장[103]을 살펴보자. 비록 선악과나무처럼 금지되지는 않았지만 아담과 하와는 분명히 생명나무 열매를 따 먹지 않았을 것이다. 만일 그들이 그 열매를 먹었더라면(아마도 한 번이 아니라 계속적으로) 그들은 영생할 수 있었을 것이라고 프레타임은 말한다. 또 머리(J. Murray)는 이를 요한계시록의 구절들(2:7, 22:2, 14)에 나오는 생명나무와 연결시키면서 보다 더 영적으로 해석한다. 섭리 혹은 계시의 차원에서 생명나무는 순종이냐, 혹은 불순종이냐의 시험을 위해 유보되어 있었다. 생명나무 열매는 오직 하나님에게 순종하고 이기는 사람들에게만 먹을 수 있는 권리가 부여되는데, 아담과 하와는 하나님의 명령에 불순종하고 타락했다. 다시 말하면, 그들은 처음부터 생명나무 열매를 먹을 자격이 없었다고 머리는 결론을 짓는다. 델리치도 그들은 죄를 짓기 전이나 혹은 직후에 생명나무 열매를 먹지 않았을 것이라고 말하면서 머리와 비슷하게 그 이유를 설명한다. 생명나무는 비록 아무런 언급이 없지만, 이는 선악과나무와 함께 순종의 시험과 결부되어 있었다. 시험에 이기는 상급(recompense)으로서 생명나무 열매를 누릴 수 있는 기쁨은 유보되어 있었다. 그래서 죄를 지은 후 그들은 생명나무 열매를 따 먹고 영생하지 못하도록 즉시 동산에서 쫓겨났다. 또 그룹들과 두루 도는 불 칼로 인해 그들이 동산으로 돌아가는 것은 완전히 차단되었다.

종합해 보면, 아담과 하와가 에덴동산을 떠나기 전 생명나무의 열매를 따 먹었는지 따 먹지 않았는지 성경은 이 문제들에 대해서 구체적으로 언급하고 있지 않다. 대략적으로 우리가 추측할 뿐이다. 루터[104]가 말한 대로, 창세기 초반부는 지금까지 제대로 해석한 사람이 없다. 창세기 초반부는 오직 하나님만이 정확히 이해할 수 있도록 그의 높은 지혜 속에 남겨 두셨기 때문이다. 그러므로 불확실한 것에 대해 여러 가지 겸손한 가정을 할 수는 있지만, 자신 있게 말하거나 명확한 결론을 내리는 것은 피하는 것이 좋다. 잘못하면 하나님의 위대하고도 신비스러운 일들을 가지고 말장난하는 것이 되기 때문이다. 이런 점을 염두에 두고 윌리엄스(A. L. Williams)[105]는 페레리우스(Pererius)의 말을 인용해서 "불확실한 것들에 대해서는 자신 있게 말하는 것보다 차라리 의심하는 것이 낫다"고 그의 책에 기록하고 있다.

오늘 우리에게 중요한 것은 한때 에덴동산 한가운데 서 있던 생명나무가 아니라 완전히 다른 생명나무다. 그것은 갈보리 언덕 위에 세워졌던 생명나무, 곧 십자가다. 그 십자가 위에서 우리의 구세주 예수 그리스도가 우리 죄를 대신해서 죽으셨다. 그러나 사흘 만에 죽음을 이기고 부활하심으로 우리에게 영생으로 향하는 길을 열어 놓으셨다. 베드로전서 2장 24절은 말씀한다. "친히 나무에 달려 그 몸으로 우리 죄를 담당하셨으니 이는 우리로 죄에 대하여 죽고 의에 대하여 살게 하려 하심이라." 비슷한 표현이 갈라디아서 3장 13절에도 나온다. "그리스도께서 우리를 위하여 저주를 받은바 되사 율법의 저주에서 우리를 속량하셨으니 기록된

바 나무에 달린 자마다 저주 아래에 있는 자라."

2천 년 전에 우리 주님이 달리셨던 갈보리 언덕의 생명나무는 오늘 우리가 구원을 위해 달려가야 할 목표다. 우리의 구속과 영생은 에덴동산 가운데 서 있던 생명나무를 통해서가 아니라 바로 갈보리 언덕에 서 있던 이 생명나무를 통해서 오기 때문이다. 진실로 우리 주 예수 그리스도가 우리 죄를 위해 달려 돌아가신 십자가는 우리의 불후와 영생을 보증하는 생명나무가 아닐 수 없다.

7장

선악과나무

에덴동산 한가운데 별난 이름을 가진 두 나무가 서 있었다: 생명나무와 선악과나무. 이들 중 한 나무인 선악과나무에 인간의 생명 혹은 죽음을 결정할 하나님의 금지 명령이 부과되었다. 창세기 외에 성경의 다른 부분에서도 종종 언급될 뿐만 아니라 고대 근동의 문헌들에도 나오는 생명나무와는 달리, 선악과나무는 창세기 2-3장을 제외한 성경의 다른 부분에는 나오지 않는다. 현재까지는 고대 근동의 문헌에서도 발견되지 않았고 성경에만 나온다.

그럼 도대체 선악과나무는 어떤 종류의 나무인가? 무화과나무, 감람나무, 사과나무, 야자수, 대추나무, 포도나무, 시트론나무 등 다양한 이름들이 거론되었다. 유대인 주석가 라시[106]는, 선악과나무의 정확한 이름이 알려지지 않은 것은 하나님의 특별한 섭리 때문이라고 말한다. 선악과나무의 권위와 영광을 위해서라는 것이다. 만일 이 나무의 정확한 이름이 알려진다면 지나가는 사람들마다 선악과나무를 보고 손가락질을 하면서, 저 나무 때문에 세상에 죄와 죽음이 들어와 우리 모두가 고통을 당하고 있다고 비웃고 조롱할까 봐, 하나님은 이 나무의 이름을 모르게 하셨다고 한다. 하나님은 그의 피조물들이 부끄러움당하는 것을 결코 원하지 않으신다고 라시는 말한다.

이 나무는 여러 가지 이름을 가지고 있다. 하나님이 그 나무의 열매를 따 먹지 말라고 하셨기 때문에 금단의 나무(The Forbidden Tree)라고도 하고, 아담과 하와를 유혹했다고 해서 유혹의 나무(The Tree of Temptation)라고도 한다. 또한 이 나무를 통해서 죽음이 세상에 들어왔기 때문에 죽음의 나무(The Tree of Death)라고도 한다.

선악과나무의 이름과 관련해서 초기 기독교의 위대한 학자인 성 어거스틴[107]은 매우 의미 있는 해석을 한다. 아담과 하와는 그들이 타락하기 전 이미 선악과나무가 에덴동산 한가운데 서 있는 것을 보았다. 그러나 그들의 눈이 밝아진 후에야 그들은 잃어버리게 된 선과 그들이 빠져든 악을 구별하게 되었다. 이 사건을 계기로 먹는 것이 금지되었던 이 나무는 선악과나무라고 불리게 되었다. 비슷하게 페레리우스[108]도, 선악과나무는 아담이 그 나무 때문에 죄를 지은 후 그가 뱀의 거짓 약속을 상기하게 하려고 그렇게 이름 지어졌다고 말한다. 독일의 순교 신학자 본회퍼[109]는 여기서 한 걸음 더 나아가, 생명나무도 아담의 타락 이후에 그 이름을 얻게 되었다고 한다. 그는 생명나무가 그 이름을 얻게 된 계기를 선악과나무와 연결시키면서, 생명나무는 아담이 선악과나무를 따 먹고 죽음에 직면하게 된 후에 그 진정한 의미를 가지게 되었다고 설명한다. 이 일이 있기 전에는 아무런 문제가 없었다. 생명, 하나님 안에서의 생명이 존재하고 있었다. 이처럼 금지 명령이 부과된 선악과나무는 생명, 지식 그리고 죽음이라는 특별한 방법으로 인간의 존재에 막대한 영향을 끼쳤다.

하나님은 아담에게 선악과나무와 관련해서 특별한 금지 명령을 내리셨다. "여호와 하나님이 그 사람에게 명하여 이르시되 동산 각종 나무의 열매는 네가 임의로 먹되 선악을 알게 하는 나무의 열매는 먹지 말라 네가 먹는 날에는 반드시 죽으리라 하시니라"(창 2:16-17). 여기서 선악과를 따 먹지 말라고 할 때 히브리어로 부정형 '로'(lo, לֹא)를 썼는데, 이는 아주 엄하고 끊임없이 지켜 나가야 하는 금지 명령이다. '너는 영원히, 결코 먹어서는 안 된다.'

또한 히브리어 성경을 보면 죽는다고 할 때의 '죽다'에 해당하는 히브리어 동사 '무트'(mut, מות)가 두 번 반복되어 나오는데, 한 번은 부정법형으로 '모트'(mot)이고, 또 한 번은 미래형으로서 '타무트'(tamut)다. 이들을 한데 엮으면 '모트 타무트'가 된다. 언어학자들은 이 구절을 '죽으면서 너는 죽을 것이다'(By dying you shall die)라고 번역한다.

대개 기독교의 구약 신학자들은, 죽는다는 동사를 반복한 것은 동사를 강조하기 위한 것으로 생각한다. 특히 부정법과 미래형이 결합된 것은, 하나님의 심판은 의심할 여지가 없다는 것을 강조하는 것이다. 여기서 하나님 명령의 에센스는 순종이다. 그러니까 이 명령은, 불순종하면 틀림없이 죽고, 반대로 순종하면 확실히 산다는 뜻이다. 하나님은 인간을 꼭두각시와 같은 기계적인 존재가 아니라 자유 의지를 사용해 스스로 선택할 수 있는 능력을 지닌 인간으로 지으셨다는 것을 창세기 2장 17절은 분명히 보여 주고 있다. 그러므로 인간은 자기가 한 일에 대해서 반드시 책임을 져야 한다.

어떤 유대인들[110]은, '죽다' 라는 동사의 반복은 두 번의 죽음을 의미한다고 한다. 한 번은 아담과 하와의 죽음이고, 다른 한 번은 아담의 모든 후손들의 죽음이다. 그러나 랍비 예후다(Yehudah)[111] 등 다른 유대 학자들은, 이 명령은 아담에게만 주어졌으니까 아담의 후손들에게는 해당이 되지 않는다고 주장한다.

아마도 아담이 받은 이 엄중한 명령이 어떤 식으로 하와에게 전달되었는지 추측해 보는 것은 흥미로운 일이 아닐 수 없다. 창세기 2장 15절의 동산을 경작하며 지키라는 명령처럼, 이 명령도 아담이 먼저 듣고 하와는 나중에 아담을 통해서 전해 들었을지 모른다. 혹은 하와가 하나님으로부터 직접 계시를 받았을 가능성도 없지 않다.

사람들은 흔히 이런 질문을 던진다. '하나님은 왜 에덴동산에 선악과나무를 심어 놓고 인류의 첫 조상에게 따 먹지 말라고 하면서 그들을 시험하셨는가? 만일 그러한 시험이 없었더라면 아담과 하와가 잘못을 저지르지 않았을 것 아닌가?' 이러한 질문에 대해서 신학자 본회퍼[112]는 매우 사려 깊은 대답을 한다. 낙원에서의 하나님의 이 금지 명령은 시험이 아니라 오히려 창조주 하나님의 피조물 인간을 향한 은혜다. 즉, 금지 명령에 의해서 아담의 존재는 피조물인 인간이라는 것, 따라서 피조물의 특성(creaturehood)과 자유가 융합된 인간의 한계를 가지고 있고, 오직 이 한계 안에서만 그의 삶이 가능하다는 것이 전달된다. 인간의 한계는 피조물로서의 존재와 자유의 기초가 되기 때문에 은혜의 선물이다. 프레타임[113]도 피조물의 특성(creatureliness)과 하나님의 은혜를 말한다. 하나님은 인간을 지으실 때 그의 삶의 영역을 위임하셨다. 피조물로서의 인간이 가장 인간다울 수 있는 한계를 책정하셨다. 그 인간의 한계는 바로 하나님을 창조주로서 인정하고 삶의 중심점으로 삼는 것이다. 아담은 피조물로서의 그의 위치를 거부했기 때문에 금지 명령은 은혜라기보다는 율법이 되어 버렸다. 우리는 블로허[114]에게서도 비슷한 견해를 찾을 수 있다. 금지 명령은 인간이 계속 행복하게 살기 위해서 그의 피조물로서의 위치를 인정해야 하는 조건이며, 따라서 인간의 책임의 중요성과 계약의 법적인 면이 금지 명령에 분명히 나타나 있다고 그는 말한다. 유대 문헌 탈무드(Talmud)[115]는 이에서 한 걸음 더 나아가, 금지 명령은 시민법의 존재를 반영하고 있다고 한다. 이 명령은 아담과 그의 후손들 모두가 정의와 공의를 행하기 위해 지켜야 할 하나님의 방법을 강조하고 있기 때문이다.

여기서 우리의 흥미를 끄는 것은, 성경에서 '죽다' 라는 말이 창세기 2장 17절에 처음으로 나온다는 사실이다. 하나님이 선악과나무 열매를 먹지 말라고 명령하실 때 아담은 처음으로 죽는다는 말을 듣게 되는데, 그는 하나님에게 '하나님, 죽음이 도대체 무엇입니까?' 라고 묻지 않았다. 그래서 궁켈[116]과 같은 학자들은 다음과 같은 질문을 던진다. '어떻게 아담은 경험하지도 않고 보지도 못한 죽음에 대해 알고 있었을까?' 그렇다면 금지 명령이 전달되기 전에 이미 그 나무의 이름과 그 나무가 소유한 비밀스러운 힘이 아담에게 알려졌을 가능성이 상당히 높다. 그렇지 않고서는 아담이 하나님에게 죽음이 무엇이냐고 묻지 않을 리가 없다.

언뜻 보기에 궁켈의 말은 상당히 그럴 듯하게 들린다. 그러나 보다 더 깊이 생각해 보면 우리는 두 가지 점에서 달리 설명할 수 있다. 첫째, 비록 아담이 죽음이라는 말을 생전 처음으로 들었을지라도 그는 감히 하나님에게 '죽음이 도대체 무엇입니까?' 라고 묻지 못했을지도 모른다. 둘째, 좀 더 합리적으로 생각해 보면, 비록 아담이 하나님에게 질문했을지라도 그 질문이 성경의 기록에서 빠졌을 가능성이 높다. 이는 요한복음 21장 25절과 20장 31절을 통해서 알 수 있다. 요한복음 21장 25절은, "예수께서 행하신 일이 이 외에도 많으니 만일 낱낱이 기록된다면 이 세상이라도 이 기록된 책을 두기에 부족할 줄 아노라", 20장 31절은 "오직 이것을 기록함은 너희로 예수께서 하나님의 아들 그리스도이심을 믿게 하려 함이요 또 너희로 믿고 그 이름을 힘입어 생명을 얻게 하려 함이니라"고 말씀한다. 이 두 구절이 보여 주듯이, 예수 그리스도의 언행의 많은 부분들이 성경 기록에서 빠지고 오직 구속사와 연관된 주요 골자들만 선택적으로 기록되었다. 왜냐하면 성경 기록의 목적은 예수는 그리스도요, 하나님의 아들이시며, 그를 믿음으로써 구원을 얻는다는 복음의 메시지를 알리는 것이기 때문이다. 성경은 일어난 사건들을 연대기적(chronological)으로 낱낱이 적나라하게 기록한 책이 아니다. 사실 성경은 앞(before)도 뒤(after)도 없다고 한다. 예레미야와 같은 경우에는 주제별(topical)로 기록되었다. 그렇다면 이것은 구약에도 적용된다고 보아야 한다. 모세가 모세 오경을 기록할 때 일어난 사건 하나하나를 일일이 다 기록하지 않고 오직 하나님의 구속 사건과 관련된 중요한 사건들만 선택해서 기록해, 필요 이상의 상세한 내용들은 생략했을 수도 있다. 역사가들은 역사의 기록이 선택적이라고 말한다. 다시 말하면, 구속사는 해석된 역사다.

하나님은 아담에게 선악과나무 열매를 따 먹는 날에는 반드시 죽는다고 분명히 말씀하셨다. 여기서 죽는 시점과 관련해 우리는 크게 두 가지를 생각할 수 있다: 즉시 죽는 것 혹은 언젠가 확실히 죽는 것. 즉시 죽는다는 명령으로 생각한 몇몇 학자들은 아담과 하와의 생명이 죄를 지은 날 즉시 끝나지 않았으므로 하나님의 위협이 실현되지 않았다고 말한다.[117] 이들과는 달리 랍비 프리드먼(R. E. Friedman)[118]은, 언뜻 보기에는 마치 선악과를 따 먹는 날에 그들이 죽는 것 같지만, 그 구절을 보다 더 상세히 보면 그날에 죽는다기보다는 따 먹는 날에 그들이 죽을 수밖에 없는 운명으로 전환된다는 의미라고 설명한다. 한편 위경 희년서 4장 30절은 하나님의 말씀이 실현되었다고 기록한다. 천 년은 하나님에게 있어 하루와 같은데 아담은 천 년에서 70년이 부족한 930세에 죽음으로써 이날을 채우지 못했기 때문이다.

대부분의 학자들은 이를 육체적인 죽음이라기보다는 살아 계신 하나님으로부터 분리되고 소외되는 영적인 죽음으로 이해한다. 그들이 선악과 열매를 따 먹는 순간 영적인 죽음이 곧바로 시작된 것은 분명하다. 그래서 그들은 하나님이 동산을 거니시는 소리를 듣고 두려움에 떨면서 나무 뒤에 숨었다. 하지만 죽음을 두 가지 측면[영적(spiritual), 육체적(corporeal)]으로 생각하는 것이 더 합리적인 것 같다. 영적인 죽음은 아담과 하와가 선악과 열매를 따 먹는 순간 즉시 시작되었고, 그다음으로 육체적인 죽음이 실제로 뒤따르게 된다. 영적인 죽음이 시작된 바로 그 순간 육체적인 죽음의 씨가 심겨졌기(appointed) 때문이다.

이쯤 되면 우리 마음속에 강한 호기심이 일어나는 것을 금하기 어렵다. '도대체 선악과나무가 제공하는 지식이 어떤 것이기에 따 먹으면 죽는다고 말씀하셨을까?' 선악과나무가 소유한 지식의 성격 혹은 특성에 대한 여러 견해들이 있지만 다음의 몇 가지가 흔히 거론되는 해석들이다.

1. 성적인 지식(Sexual knowledge)

지식(knowledge)이라는 명사의 뿌리가 되는 히브리어 동사는 '야다'(yadah, ידע)이다. 이 동사는 여러 가지 의미를 가지고 있는데, 그중에 하나가 '알다'(to know)이다. 이는 특히 성적인 지식, 즉 남자와 여자가 성적으로 서로 잘 아는 것을 의미한다. 예를 들면, 창세기 4장 1절은 "아담이 그의 아내 하와와 동침하매"라고 말씀하는데, 여기서 '동침하다'의 히브리어 동사가 '야다'이다. 동침한다는 것은 성적으로 서로를 안다는 것이다. 이러한 점을 감안해서 선악과나무가 소유한 지식이 성적인 지식이 아닌가 하고 생각하는 학자들이 있다. 문제는, 이스라엘의 하나님은 성적인 활동에 전혀 관여되지 않는데 어떻게 성적인 지식이 신적인 속성으로 묘사될 수 있는가[119]이다. 이 문제는 11장에서 보다 더 상세히 다뤄질 것이다.

2. 윤리적 또는 도덕적인 지식(Ethical or moral knowledge)

선악과나무가 소유한 지식은 선과 악을 분간할 수 있는 능력을 말한다. 아람어 성경 타르굼도 선과 악을 구별할 수 있는 윤리적인 지식으로 해석한다.

말할 나위도 없이 이 견해는 많은 논쟁의 쟁점이 되어 왔다. 창세기 2장 15절에 의하면, 하나님은 아담에게 두 가지 일을 맡기셨다. 그것은 에덴동산을 경작하며 지키는 일이다. 이 일들은 윤리적인 지식을 가지고 있을 때에만 가능하다. 그렇다면 이 일들을 잘 감당하기 위해 아담은 어떤 것이 맞고 어떤 것이 틀린지를 이미 이해하고 있었다고 하겠다. 많은 학자들이 지적하듯이, 만일 아담이 어떤 형태든 윤리·도덕적인 지식을 가지지 않았다면 하나님은 그의 금지 명령에 불순종한 아담에게 책임을 묻지 않으셨을 것이다. 게다가 하나님은 아담이 선과 악을 구분할 수 있는 능력을 가지는 것을 굳이 반대하실 필요가 없다. 이 문제와 관련해서 랍비 불카(Bulka)[120]의 의미 깊은 해석이 우리의 특별한 관심을 끈다. "만일 아담과 하와가 선악과나무 열매를 따 먹기 전 정말로 윤리적인 지식을 가지지 않았다면, 그들의 불순종은 그들이 옳은 것과 그른 것을 알게 되는 보다 높은 단계로 도약하는 데 기여했다. 반대로 선악과 열매를 따 먹기 전 이미 그러한 능력을 소유하고 있었다면, 그들의 불순종은 그 윤리적인 능력을 사실상 감소되게 했다."

3. 과학, 문화와 같은 세속적인 지식(Secular knowledge such as science, culture)

영국의 신학자 윌리엄스(N. P. Williams)[121]는, 히브리어에서 말하는 '선'과 '악'은 도덕적인 선과 악이라기보다는 일종의 육체적인 행복, 복지, 안녕(wellbeing)과 같은 것이라고 이야기한다. 이를테면 인간의 몸에 유익하고 덕이 되는 것은 선으로, 유독하고 해로운 것은 악으로 해석하는 것이다. 그러니까 선과 악은 도덕적인 개념이라기보다는 과학적인 지식으로 조명된다. 윌리엄스는, 태초부터 하나님은 인간이 사회와 문화를 발전시키는 데 필요한 과학과 기술에 관한 지식 갖는 것을 원치 않고 인간을 어린아이와 같은 무지의 상태에 묶어 두기를 원하셨다고 주장한다. 따라서 에덴동산 이야기는 타락이나 원죄에 관해 말하는 것이 아니라, 오히려 세속적이고 과학적인 지식을 통해 인간이 문화와 문명을 이룩하는 성숙함을 이루는 데 아담의 불순종이 어떻게 기여했는지 우리 후손들에게 깨우쳐 주는 것이라고 말한다. 하나님이 인간을 계속해서 무지몽매한 상태에 매어 두기를 원하셨다는 윌리엄스의 이러한 견해는 믿기 어렵다는 비판을 받는다.[122]

4. 지혜(Wisdom)

창세기 3장 6절, "지혜롭게 할 만큼 탐스럽기도 한 나무인지라"에 근거해서 선악과나무가 소유한 지식이 지혜라고 한다. 하나님은 지혜가 있고 인간은 지혜가 없이 무지하다고 한다.

이 해석의 문제점은, 인간이 지혜를 가지는 것을 하나님은 반대할 필요가 없다는 점이다. 더구나 지혜를 얻는 것이 잠언 최고의 목적이다. 아마도 3장 6절에서 말하는 지혜는, 하나님만이 소유할 수 있고 인간은 가지려 해서는 안 되는 어떤 특별한 지혜일 것이다.

5. 전지 혹은 절대적인 지식(Omniscience or absolute knowledge)

하나님만이 소유할 수 있고 인간에게는 허용되지 않은 어떤 신비적이고 오묘한 지식을 말하는데, 어원적으로 흔히 '메리즘' (merism)이라고 부른다. 메리즘의 의미는 A로부터 Z까지 모든 것들을 상세히 다 아는 것이다. 이러한 지식은 지극히 높은 인식 기능(a higher cognitive function)을 말하는데, 사무엘하 14장 20절에서 그 예를 찾을 수 있다. "내 주 왕의 지혜는 하나님의 사자의 지혜와 같아서 땅에 있는 일을 다 아시나이다." 신명기 29장 29절에서 모세는 이 지식을 "감추어진 일은 우리 하나님 여호와께 속하였거니와"라고 말하고 있다. 또한 창세기 3장 5절에서 뱀이 "너희가 그것을 먹는 날에는 너희 눈이 밝아져 하나님과 같이 되어 선악을 알 줄 하나님이 아심이니라"라고 표현한 것을 보면, 오로지 하나님에게만 속한 지식이 있음을 유추할 수 있다. 그리고 하나님은 인간이 그러한 지식에 접근하는 것을 원하지 않으신다.

선악과나무가 소유한 지식이 어떤 것인지에 대한 가장 그럴듯한 대답은, 그 나무는 그 열매를 먹는 사람들에게 어떤 특별한 지식을 공급하지 않는다는 것이다. 그 나무 자체는 아무런 마술적인 요소를 지니고 있지 않으며, 유해하거나 독을 품고 있지도 않다. 많은 성경학자들은, 선악과나무는 생명나무와 함께 아마도 동산에 있는 다른 나무들과 다름이 없다고 생각한다. 유일한 차이는 하나님의 말씀이 그 나무에 주어졌다는 점이다. 금지 명령이 이 선악과나무에 부과되었다. 아트킨슨(B. F. C. Atkinson)[123]에 의하면, 이 금지 명령은 하나님이 인간으로부터 기대하시는 도덕적 요구 (moral demand)다. 왜냐하면 하나님은 인간을 '하나님의 형상'을 따라 도덕적인 존재로 창조하셨기 때문이다. 금지 명령의 초점은, 하나님이 그것을 만드셨으며, 따라서 하나님 자신이 선과 악의 근원이 되신다는 점이다. 하나님은 당신의 뜻에 따라 명령하고 금하신다. 이 금지 명령은 선악과나무를 '허용된 것과 금지된 것', '선과 악' 그리고 '삶과 죽음을 결정하는 시금석(touchstone)'으로 만든다.

아마도 우리는 신명기 30장 15-19절로부터 선과 악에 대한 보다 분명한 이해를 가질 수 있을 것 같다. 이 구절에서 모세는 이스라엘 백성에게 하나님의 명령을 지키면 살고, 반대로 순종하지 않으면 반드시 망한다고 경고한다. 이 경고의 맥락에서 보면, 선은 하나님의 명령에 순종하는 것이고, 악은 하나님에게 불순종하는 것이다. 하나님이 허락하시면 옳고 하나님이 허락지 않으시면 틀린 것이며, 아무것도 그 표준을 대신할 수 없다. 그렇다면 선악과를 따 먹지 말라는 명령은 아담과 하와가 하나님의 명령에 순종하는가, 혹은 불순종하는가를 보기 위해 내려진 하나님의 시험이다. 머리[124]는 이를 '순종의 검증에 대한 이슈'(the issue of probationary obedience)라고 표현한다. 결국 선악과나무에 관한 이야기는 아담이 하나님의 명령에 순종하는지, 혹은 불순종하는지 그 결과를 기록한 것이라고 하겠다.

선악과나무 열매를 따 먹지 말라는 명령은 어찌 보면 하나님과 인간 사이에 맺어진 첫 번째 계약이라 할 수 있다. 계약은 히브리어로 '베리트'(berith, ברית)라 하는데, 이는 창세기 6장 18절에서 하나님이 노아와 언약을 맺으실 때 처음으로 나온다. 그러나 선지자 호세아는 호세아 6장 7절에서 "그들은 아담처럼 언약(berith)을 어기고"라고 말한다. 호세아 선지자가 이 구절에서 '베리트'라는 단어를 사용할 때, 그는 아마도 창세기 2장 17절에 나오는 선악과나무 열매를 따 먹지 말라는 명령을 하나님과 아담 사이에 맺어진 첫 번째 계약으로 생각한 것 같다. 이렇게 볼 때 비록 '베리트'라는 단어 자체는 나오지 않지만, 노아 이전에 하나님과 아담 사이에서 이미 첫 번째 계약이 맺어졌다고 하겠다.

창세기 2장 15-17절에서 맺은 하나님과 아담 사이의 계약은 신학적인 용어로 흔히 '행위의 계약'(the covenant of works)이라고 불린다. 행위의 계약 아래서는 순종이 필수 조건이며, 인간의 행위에 기초해서 보상이 주어진다. 달리 말하면, '선'과 '악'은 아담

의 행위에 의해 결정된다. 아담이 하나님의 명령에 순종해서 선악
과나무 열매를 따 먹지 않으면 '선'이고, 불순종해서 따 먹으면
'악'이다. 아담은 불순종해서 계약을 깨뜨림으로써 행위의 계약
에 근거해 하나님에게로 나아올 기회를 잃어버리고 말았다. 쉐퍼
(F. A. Schaeffer)[125]에 의하면, 아담의 불순종 이후 인간은 오로지 은
혜의 계약(the covenant of grace)을 통해서만 하나님에게로 나아갈
수 있다.

이 시점에서 우리는 마음속에 강한 호기심이 일어나는 것을 금
할 수 없다. '만일 아담과 하와가 순종해서 행위의 계약을 깨뜨리
지 않았더라도 예수님이 오셨을까?' 쉐퍼[126]는, 예수님은 오셔서
일하셨을 것이라고 말한다. 그러나 아담은 죄를 짓지 않았으므로
중재자가 없이도 행위의 계약을 따라 하나님에게로 나아갈 수 있
기 때문에 구세주가 필요하지 않았을 거라고 말한다. 예수님은 우
리의 죄를 대신해서 십자가에 달려 죽을 필요가 없다는 의미다.
타락이 없었더라면 기독교 신학에 구속의 교리(Soteriology)는 존재
하지 않았을 거라는 말이다.

이와는 다른 각도에서, 아트킨슨[127]은 아담의 타락과 관계없이
예수님이 이 땅에 오셔서 십자가에 달려 죽는 것은 반드시 필요했
다고 주장한다. 악한 세력이 아담이 미처 창조되기도 전에 이 세
상에서 일하고 있었음을 감안한다면, 그가 사탄과의 싸움에서 항
상 승리하는 것은 거의 불가능하기 때문이다. 아담은 악마와의 싸

움에서 도덕적으로 잘못된 판단을 내림으로써 하나님 앞에 영원한 형벌에 해당하는 죄를 지을 기회가 분명히 많았을 것이다. 그러므로 그는 예수 그리스도를 통한 승리와 구속은 불가피하며, 이미 예정되었다고 말한다.

2부
타락

8장

유혹의 선동자: 뱀

    선악과나무 열매를 따 먹지 말라는 하나님의 금지 명령 이후 얼마의 시간이 흘러갔는지 알 수 없지만, 창세기 3장 1절에서 벌써 유혹이 다가온다. 뱀을 통해서 유혹이 다가온다. 구약성경에 보면 뱀이 상징적으로 사용된 경우가 두 군데 있다. 하나는 에돔 땅에서 하나님의 명령에 따라 모세가 만들어 장대 위에 달아 놓은 놋 뱀(민 21:6-9)이고, 다른 하나는 모세가 애굽 왕 바로 앞에서 사용한 뱀 지팡이(출 4:3-4, 7:8-13)다. 유혹은 아담에게가 아니라 하와에게로 온다. 왜 아담이 아니라 하와였을까? 우리는 여러 가지 경우를 추측할 수 있다. 아마도 유혹자는 하와 이전에 아담에게 먼저 접근했지만 실패하고 보다 더 속기 쉬운 하와에게 와서 시도했을지도 모른다. 혹은 하와가 더 약해 보여서 처음부터 하와에게로 다가왔을 수도 있다. 또한 하와는 금지 명령을 하나님이 아닌 아담을 통해서 들었으므로 잘 믿을 것같이 보여 하와를 택했을 가능성도 생각할 수 있다.

몇몇 학자들은 뱀이 낙원에서 언어를 사용했다는 것에 대해서 대단히 회의적이다. 그들의 의심에 대해서 칼뱅[128]은 다음과 같이 대답한다. "동물이 하나님의 명령에 따라서 말하는 것을 믿을 수 없다면, 인간은 어떻게 언어 능력을 가질 수 있는가? 그것은 하나님이 인간이 말을 할 수 있도록 인간의 혀를 만드셨기 때문이 아닌가?" 민수기 22장 28-30절에 나오는 말하는 나귀의 이야기는 칼뱅의 해석의 좋은 예가 된다. 동물인 발람의 나귀가 발람에게 말을 하는 장면이다. 발람의 나귀는 신체 구조상 말을 할 수 없으나, 하나님이 나귀의 입을 여실 때 나귀가 말을 할 수 있었다. 사사기 9장 8절 이하의 요담의 비유에서도 감람나무, 무화과나무, 포도나무, 가시나무 등이 말을 한다. 마찬가지로 뱀도 몸의 구조상으로는 말을 할 수 없지만, "하나님의 허락 아래 사탄이 그의 가장 적합한 도구를 획득해서 말을 할 수 있게 했으므로 뱀이 혀를 사용해서 말을 할 수 있었다".[129] 저명한 유대인 역사학자 요세푸스(F. Josephus)[130]의 글에 보면, 원래는 뱀뿐만이 아니라 모든 동물들이 언어 능력을 소유했었다고 한다. 그러나 아담의 타락 이후 동물들은 모두 언어 능력을 잃어버리고 말았다고 위경 희년서 3장 28절은 말한다.

그렇다면 창세기 3장 1절에서 뱀이 하와에게 말을 할 때 어떤 언어를 사용했을까? 혹자는 아람어를 사용했다고 하고, 혹자는 히브리어를 사용했다고 한다. 우리도 이 질문에 대해 그럴듯한 대답을 생각할 수 있다. 뱀은 아람어나 히브리어가 아닌, 신적인 세계의 어떤 영적인 언어를 사용했을 것이다.

이제 우리의 관심은 '어떻게 뱀이 감히 자신의 창조주인 하나님에게 거역하고 하와를 유혹할 수 있었을까?' 라는 문제에 쏠리게 된다. 뱀도 다른 동물들과 마찬가지로 하나님의 피조물이 아닌가? 창세기 3장 1절에 의하면, 뱀이 다른 동물들과 다른 점은 오직 그의 간교함(craftiness or slyness)이다. 그렇다면 뱀의 진정한 정체는 무엇인가? 뱀의 정체에 대해서 흔히 거론되고 있는 몇 가지 해석들을 간단히 소개한다.

첫째, 우리가 정글이나 들에서 종종 보게 되는, 배를 땅에 붙이고 꿈틀거리면서 기어 다니는 그러한 피조물로서의 뱀이다.[131] 성경은 이 뱀이 모든 피조물 중에서 가장 교활하다고 기록하고 있다. 뱀은 실제로 에덴동산에 들어와 하와를 유혹하려고 과감히 시도하고 있다. 하지만 어떻게 하와에게 다가가 유혹하는 것이 가능했을까? 피조물인 뱀이 하나님 몰래 그런 일을 하는 것은 불가능하지 않았을까? 사도행전 15장 18절은, 창세전부터 모든 일들은 하나님이 아신 바 되었다고 기록하고 있다. 그렇다면 욥의 경우(욥 1:6-12, 2:1-6)처럼 뱀은 하나님의 예지와 승인 아래 동산에 들어와서 하와를 유혹하려 한 것인가?

둘째, 아트킨슨[132]은 뱀의 정체를 고린도후서 11장 14절의 "사탄도 자기를 광명의 천사로 가장하나니"로부터 끌어내려고 노력한다. 사탄이 뱀의 모습으로 나타난 것이다. 에덴동산에 있는 하와의 눈에는 뱀이 사탄으로 보이는 게 아니라 빛나는 천사의 모습으로 보였다. 그래서 하와는 의심 없이 뱀과 대화를 나누었을 것이다.

셋째, 몇몇 학자들은[133] 실제 뱀이 아니라 악한 경향, 생각 혹은 악한 충동(evil inclination, thought, impulse)이었을 것이라고 주장한다. 성 어거스틴에 따르면, 뱀은 눈으로 볼 수 있는 모습이 아니라 영적으로 나타났다. 위경 에스라4서 3장 20-27절도, 아담은 악한 생각에 사로잡혀서 죄를 짓고 말았다면서 같은 견해를 말하고 있다. 이렇게 볼 때, 이미 사탄이 되어 버린 뱀은 에덴동산에 눈에 보이는 육체가 아니라 보이지 않는 영으로 들어와서 하와의 마음속으로 들어가 온갖 신비적인 방법으로 하와의 생각과 마음을 사로잡았다.

'악한 경향'은 히브리어로 '예세르 하라'(yeser hara, יצר הרע)다. '예세르'(יצר)는 경향이라는 뜻이고, '하'(ה)는 정관사 the이며, '라'(רע)는 악하다는 뜻이다. 이 용어는 창세기 6장 5절을 근거로 해서 생겼다. 이 구절은 "여호와께서 사람의 죄악이 세상에 가득함과 그의 마음으로 생각하는 모든 계획이 항상 악할 뿐임을 보시고"라고 기록하고 있다. 같은 용어가 8장 21절에도 나온다.

기독교는 이 악한 경향이 아담의 타락으로 인해 인간의 마음속에 생겨서 현실적인 죄(actual sin)의 원인이 된다고 생각한다. 반면 유대교는 하나님이 악한 경향을 만드셨다고 한다. 유대 문헌 탈무드는 말한다. "나는 악한 경향도 창조하고 그에 대처할 대책으로서 토라(Torah)도 만들었다. 너희가 토라의 가르침에 따라 사는 한 너희는 이 세상을 이길 능력을 가지게 될 것이다. 토라가 너희 속에서 일어나는 기본 충동을 막아 주기 때문에 너희는 악한 경향에 의해 위협을 받지 않을 것이다."[134]

그럼 악한 경향은 언제 만들어졌는가? 유대교에서 말하는 몇몇 해석들을 소개하면, 혹자는 원래 아담이 창조될 때 아담뿐만이 아니라 그의 후손들 속에도 악한 경향이 심겨졌다고 한다. 그리고 혹자는 각 개인이 형성될 때마다 인간의 마음속에 심겨진다고 주장한다.

악한 경향의 본질이나 성격에 대해서도 많은 견해들이 거론되어 왔다. 어떤 사람들은 악한 경향을 죄성의 근원으로 보는가 하면, 또 다른 사람들은 선도 아니고 악도 아닌 중성적인 것으로 생각한다. 어떤 의미에서는 본능이나 야심 혹은 추진력처럼 인간의 생존을 가능케 하는 기본 조건들로 생각하는 학자들도 있다. 악한 경향은 인간의 사고력을 나타내고 인간의 욕망의 근원이 되어 경쟁력을 일으킴으로써 열심히 일하게 만든다는 것이다. 유대 문헌 탈무드는 "이 악한 경향이 없으면 인간은 집도 짓지 않을 것이고, 아내를 취해서 아이도 낳지 않을 것이다"[135]라고 말한다. 그러나 악한 경향은 대체로 인간을 악으로 향하게 하며, 몇몇 유대인들은 아담의 타락이 악으로 향하는 첫 발걸음이라고 생각한다.[136] 선악 과나무 열매를 따 먹음으로써 악한 경향이 실제로 악이 되어 버렸다는 의미다. 그래서 랍비 아이부(Aibu)는 창세기 6장 6절의 "땅 위에 사람 지으셨음을 한탄하사 마음에 근심하시고"를 다음과 같이 해석한다. "인간들 속에 악한 경향(yeser hara)을 창조한 것은 나의(하나님) 후회스러운 실수였다. 만일 내가 악한 경향을 만들지 않았더라면 그가 내게 반역하지 않았을 것인데…." [137]

이 악한 경향 때문에 아담이 죄를 지었다고 한다면 하나님이 궁극적으로 죄의 창조자가 되기 때문에, 후기 유대교의 랍비들은 선한 경향(good inclination)이라는 개념을 소개한다. 그래서 후기 유대교에서는 두 예세르(악한 경향과 선한 경향)라는 특별한 형태의 유대교 교리가 계속 거론되고 있다.[138] 흥미롭게도 어바흐(Urbach)[139]는 이 두 예세르가 예리하게 대립하는 좋은 예를 바울의 표현에서 발견한다. 로마서 7장 22-24절에 보면, 바울은 두 예세르의 대립에서 오는 괴로움을 다음과 같이 절규한다. "내 속사람으로는 하나님의 법을 즐거워하되 내 지체 속에서 한 다른 법이 내 마음의 법과 싸워 내 지체 속에 있는 죄의 법으로 나를 사로잡는 것을 보는도다 오호라 나는 곤고한 사람이로다 이 사망의 몸에서 누가 나를 건져내랴."

넷째, 실제로 뱀이긴 한데 사탄에 의해 사용되는 악한 도구다. 마귀 혹은 사탄은 타락한 천사다. 악의 기원에 대해서 오리겐은 선천적인 타락(a pre-natal fall)을 강조한다. 칸트(I. Kant)에게 있어 악의 기원은 이 세상에서 물자체(Ding an Sich)에게로 전가된다. 감각 세계를 초월하면서도 감각 세계를 조건 짓는 초감각세계(the super sensible world)의 지적인 존재(an intelligent being)의 자유 의지의 남용으로 죄를 짓는다. 비슷한 견해가 신학자 줄리아스 뮬러(J. Mueller)에게서도 발견된다. 뮬러는 'An intelligent act'를 강조한다. 천사가 언제 창조되었으며 어떻게 타락했는지 분명히는 알 수 없지만, 욥기 1장 6절과 38장 7절을 볼 때 천사들은 이 세상이 창조되기 전에 이미 존재하고 있었으며, 사탄도 이 천사들 중의 하나로 여겨진다. 그렇다면 악한 세력은 태초부터 이미 이 세상에서 활동하고 있었으며, 악한 사탄의 유혹에 빠져 뱀은 그의 창조주 하나님에게 반역하게 되었다.

흥미롭게도 창세기 3장은 뱀이 악한 세력인 사탄의 도구로 행동하는 것을 분명히 언급하지 않지만, 시간이 흘러갈수록 사탄 혹은 악마가 뱀의 뒤에서 활동하는 것이 분명해진다. 뱀이 사탄의 도구라는 것이 처음 구체적으로 나타난 곳은 구약과 신약의 중간기에 기록된 외경 지혜서(The Book of Wisdom)에서다. 지혜서 2장 23-24절에 의하면, 하나님은 인간을 불후의 존재로 창조하셨으나 악마의 시기 때문에 죽음이 세상에 들어왔다고 한다. 하와가 선악과를 따 먹고 타락하도록 유혹한 것은 악마였다. 다시 말해서, 하와를 유혹한 뱀은 바로 사탄이었다는 말이다. 지혜서 이후 신약 시대로 들어오면 뱀은 대체로 사탄 혹은 마귀와 동일시된다. 예를 들면, 비슷한 표현들이 누가복음 10장 18-19절, 고린도후서 11장 3절, 요한계시록 12장 3-4절 등에도 나온다. 그런데 전통적으로 사탄의 타락으로 이해되어 온 이사야 14장 12-14절과 28장 1-3절은 계속 논쟁의 대상이 되고 있다. 몇몇 학자들은 이 구절들이 사탄의 타락이 아니라 바벨론과 에브라임의 교만을 노래한 것이라고 주장한다. 요한계시록 12장 9절에서 사도 요한은, "큰 용이 내쫓기니 옛 뱀 곧 마귀라고도 하고 사탄이라고도 하며 온 천하를 꾀는 자라"고 말한다. 비슷한 표현이 20장 2절에도 나온다. "용을 잡으니 곧 옛 뱀이요 마귀요 사탄이라." 이처럼 창세기 초반부에서 분명하지 않던 것들이 성경의 제일 마지막 부분인 요한계시록에서 명확히 설명되고 있다.

앞에서 언급한 네 가지 해석들 중에서 네 번째가 가장 적절하고 인정받는 해석인 것 같다. 뱀은 단지 하나님의 피조물이며, 뱀의 배후에서 활동하는 사탄의 도구일 뿐이다. 사탄은 아담이 타락하기 전에 이미 이 세상에서 하나님의 뜻에 역행하는 일을 하고 있었으며, 뱀의 배후에서 일하는 이 악마적인 세력이 하와를 유혹해서 타락하게 만들었다.

그러면 사탄 혹은 마귀의 정체는 과연 무엇일까? 이 문제와 관련해서 칼뱅[140]은 의미 깊은 질문을 던질 뿐만 아니라, 우리에게 경건하고도 통찰력 있는 대답을 준다. "왜 모세는 사탄의 이름을 포함한 사탄의 정체를 더 분명하게 말하지 않고 애매한 채로 남겨 두었을까? 이는 성령님이 고의적으로 애매하게 만드셨는데, 분명하고도 완전한 해답은 나중에 그리스도의 왕국에서 밝혀지는 것이 합당하기 때문이다."

우리의 첫 부모인 아담과 하와를 유혹한 이 사탄은 오늘도 여러 가지 모양으로 활동하고 있다. 쉐퍼[141]에 의하면, 사탄은 학문의 정상급에 있는 신학자들에게 접근해서 성경을 낱낱이 분해하고 성경의 권위(Authority)와 통일성(Unity)을 부정하게 한다. 예를 들면, 모세 오경은 전통적으로 하나님의 영감을 받은 모세가 성령의 인도하심을 따라 기록한 책들로 간주되어 왔다. 모세 오경은 여러 가지 내용들을 포함하고 있지만 다양성 속의 통일성(Unity in Diversity)을 유지하고 있는 하나님의 계시다. 그런데 19세기 중엽 벨하우젠(J. Wellhausen)에게서 절정에 이른 소위 문서설(Documentary Theory)에 의하면, 모세 오경은 모세가 쓴 것이 아니라 J, E, D, P 등의 단편 문서들이 역사적 발전 과정을 거치면서 형성되었다고 한다. 자유주의 신학자들은 헤겔(G. W. F. Hegel)의 역사 철학의 영향을 받고 있는 벨하우젠 학파의 이 견해를 따름으로써 모세 오경의 모세 저작설을 부정하면서, 궁극적으로는 하나님의 말씀으로서의 성경의 권위를 상실하게 했다. 쉐퍼는 자유주의 신학자들의 이러한 비평적인 견해를 일종의 사탄의 활동으로 본다.

벨하우젠 학파의 JEDP 문서설 이론에 대한 정통적인 유대 공동체들의 반격은 더욱 강력하다. 모세 오경(The Torah)의 모세 저작설을 부정하는 행위는 유대교의 정통성(Orthodoxy)과 정체성(Identity)을 부정하려는 불순한 동기에서 비롯되었다고 그들은 주장한다. 유대인 신학자 렌토르프(R. Rendtorff)[142]는 한 걸음 더 나아가, 벨하우젠은 그의 문서설 이론을 공개적으로 그리고 명백하게 반 유대적인 무기로 사용하고 있다고 비난한다.

의심할 나위 없이 학문의 자유는 존중되어야겠지만, 하나님의 말씀의 권위를 떨어뜨리는 데 대한 책임도 반드시 뒤따라야 할 것이다. 지금도 사탄은 사회의 모든 영역에서 유혹할 사람들을 계속해서 찾고 있다.

9장

유혹의 과정

분명히 하나님도 당신의 백성을 시험하신다. 우리가 잘 아는 대로, 하나님은 아브라함이 그의 사랑하는 언약의 아들 이삭을 희생의 제물로 바치라는 명령에 순종하는가 보려고 시험하셨다(창 22:1-2). 그의 후손들을 창대하게 하겠다는 하나님의 약속에 대한 아브라함의 믿음을 보고 싶어 하셨다. 그러나 인간으로 하여금 악한 길로 가도록 시험하지는 않으신다(약 1:13). 인간을 악으로 인도하는 시험은 사탄이 하는 짓이다. 복음서(마 4:1-11; 눅 4:1-13)에 보면 예수 그리스도조차도 육신으로 이 땅에 계실 때 사탄에게 시험을 받는 장면이 나온다. 특히 히브리서는 예수님도 모든 면에서 우리 인간들이 받는 시험과 똑같은 시험을 받으셨다고 강조한다. "(예수는) 모든 일에 우리와 똑같이 시험을 받으신 이로되" 예수님이 우리 인간과 다른 점은, 유혹과 시험을 받았어도 결코 넘어지지 않으셨다는 것이다. "죄는 없으시니라"(히 4:15). 히브리서 기자는 예수님 스스로가 시험을 받아 고난을 당하셨으므로 시험받아 고

난당하는 자들을 능히 도우실 수 있다고 특히 강조해서 말한다(히 2:18).

아담의 타락과 관련, 폴 틸리히(P. Tillich)[143]는 그의 저명한 저서 《조직신학》(한들출판사 역간)에서 아담은 자기 자신을 실존적으로 자기 자신과 그의 세계의 중심점으로 만들려고 하는 데에서 유혹을 받았다고 말한다. 인간은 유한한 자유를 가지고 본질에서 실존으로(from essence to existence) 넘어가려고 하는데, 하나님은 그의 순종을 보려고 아담에게 선악과를 따 먹지 말라는 금지 명령을 내리신다. 우리는 여기서 창조주와 피조물 사이에 이미 금이 간 것(a split between creator and creature)을 본다. 이 간격(cleavage)은 아직 죄도 아니고 그렇다고 무죄도 아닌 죄로 향하는 욕망(the desire to sin)인데, 틸리히는 이 욕망을 '각성된 자유'(aroused freedom)라고 부른다. 아담은 이 유한한 각성된 자유를 실현하려는 욕망과 선악과를 따 먹지 않음으로써 그의 무죄를 지키는 것 사이에서 하나를 선택해야만 한다. 다시 말해서, 지식과 힘과 죄를 통해 그에게 가능한 자유를 실현하는 것(the actualization of his potential freedom)과 하나님의 금지 명령을 지킴으로써 무죄의 상태를 지켜 나가는 것 사이에서 하나를 택해야 한다. 이런 근심스럽고 불안한 상태가 바로 유혹의 단계이며, 그들의 제한된 자유를 가지고 아담과 하와는 자기 실현을 택함으로써 타락의 길로 들어가고 만다.[144]

유대인 신학자 골드스타인(A. M. Goldstein)[145]은 인간이 죄를 짓는 중요한 동기로서 두 가지를 언급한다. 하나는, 죄를 짓는 데서 오는 즐거움 자체다. 그리고 다른 하나는, 하지 말라는 것은 더 하고 싶어지는 인간의 심리 때문이다. 인간은 금지된 것에 대해 특별한 매력을 느끼는 것 같다. 그것이 더 좋아서가 아니라, 금지되었다는 바로 그 점에 흥미를 가진다. 옛날 속담에 "훔친 떡이 더 맛있다"라는 말이 있다. 아담과 하와는 아마 후자에 속하지 않았을까? 그들은 하나님이 따 먹지 말라고 하신 금단의 열매에 호기심이 생겨서 선악과나무 가까이로 가서 쳐다보았을 것이다. 아담과 하와의 이 태도와 행동이 바로 유혹을 받는 계기를 제공하게 된다. 유대 문헌 미드라쉬 라바[146]도 비슷한 해석을 한다. "하와는 그 나무가 아주 좋아 보였고, 그래서 뱀의 말이 그럴듯하게 여겨졌다."

유혹은 뱀을 통해서 온다. 뱀과 하와와의 대화에서 시작된다. 하와가 뱀과 대화를 나눌 때 남편 아담이 그 자리에 있었는지 아니면 하와 혼자 있었는지 알 수는 없지만, 창세기 3장 6절에서 여자가 "자기와 함께 있는 남편에게도 주매"라고 한 것을 보면, 아담도 하와의 곁에 있었다고 보아야 할 것이다.

유혹의 과정을 살펴보려면 뱀과 하와 사이에서 오고 간 대화의 내용들을 하나씩 짚어 보는 것이 도움이 될 것이다.

첫째, 뱀은 하나님의 말씀과 선하심에 의문을 던진다. 창세기 3장 1절에 보면 뱀이 하와에게 묻는다. "하나님이 참으로 너희에게 동산 모든 나무의 열매를 먹지 말라 하시더냐." 여기서 히브리어 단어 '아프 키'(aph khy, ɔʰ ‌ᴇᴎ)의 해석을 놓고 논쟁이 계속되어 왔다. 아프 키의 문자적인 해석은 '진실로', '정말로'이며, 이 문맥에서 가장 적합한 해석은 '하나님이 정말로 그렇게 말씀하셨느냐?' 혹은 '하나님이 그렇게 말씀하신 게 사실이냐?'이다. 뱀은 하나님이 선악과나무 열매는 물론 동산에 있는 모든 나무의 열매를 먹지 못하게 하신 것처럼 빗대어 말하면서 창세기 2장 16-17절에 나오는 하나님의 명령과는 전혀 달리 왜곡되고 냉소적인 질문으로 하와의 마음에 의심이 생기도록 유도한다. 하나님은 처음부터 오로지 선악과나무 열매만 금지시키셨다. 한마디로 사탄의 첫 번째 유혹은, 하나님의 말씀과 선하심을 의심하게 하는 것이다.

둘째, 뱀의 말에 유혹을 받고 하와는 하나님의 말씀을 약화시킨다. 하나님은 "동산 각종 나무의 열매는 네가 임의로 먹되"(창 2:16)라고 말씀하셨다. 그러나 하와는 뱀에게 "우리가 먹을 수 있으나"(창 3:2)라고 대답한다. 하와는 '마음대로 먹으라'(free to eat)는 명령을 '먹어도 된다'(may eat)는 말로 바꾼다.

셋째, 하와는 하나님의 말씀을 자신의 생각에 따라 재해석한다. 창세기 2장 17절에서 하나님은 "선악을 알게 하는 나무의 열매"라고 하셨는데, 3장 3절에서 하와는 "동산 중앙에 있는 나무의 열매"라고 바꾼다. 이런 점을 염두에 두고, 어떤 신학자는 하와가 첫 번째 성경 해석자라고 말했다.

넷째, 하와는 하나님의 말씀을 약화시키고 재해석할 뿐만 아니라, 하나님의 말씀에 자신의 생각을 보탠다. 창세기 2장 17절에서 하나님은 '선악을 알게 하는 나무의 열매는 먹지 말라' 는 단 한 가지 명령만 하셨다. 그러나 3장 3절에서 하와가 뱀에게 전달할 때는 '먹지도 말고 만지지도 말라고 하셨다' 는 말로 변형된다. '만지지도 말라' 는 것은 원래 하나님이 하신 말씀이 아니라 하와가 보탠 것이다. 신명기 4장 2절과 12장 32절은, 하나님의 말씀은 보태지도 말고 감하지도 말아야 한다며 준엄하게 경고하고 있다.

훗날 사사기에 보면 비슷한 예가 나온다. 사사기 13장에 의하면, "소라 땅에 단 지파의 가족 중에 마노아라 이름하는 자가"(삿 13:2) 있었다. 그의 아내는 아이를 낳지 못했다. 그런데 어느 날 여호와의 사자가 마노아의 아내에게 나타나, "네가 본래 임신하지 못하므로 출산하지 못하였으나 이제 임신하여 아들을 낳으리니 … 이 아이는 태에서 나옴으로부터 하나님께 바쳐진 나실인이 됨이라"(삿 13:3, 5)고 했다. 이 여인은 남편에게 가서 자신에게 일어난 일을 전했다. 그런데 하나님의 사자가 한 말을 전할 때 "네가 임신하여 아들을 낳으리니 … 이 아이는 태에서부터 그가 죽는 날까지 하나님께 바쳐진 나실인이 됨이라"(삿 13:7)라고 말이 바뀐다. 하나님의 사자는 나면서부터 나실인이 될 것이라고 말했을 뿐, 언제까지라는 말은 하지 않았다. '죽는 날까지' 라는 말은 마노아의 아내가 보탠 것이다. 이처럼 하와도 '만지지도 말라' 는 말을 마치 하나님이 하신 것처럼 보탠다. 더욱 놀라운 것은, 하와는 거짓말을 하면서도 자기 자신의 말에 믿음과 신뢰성을 주기 위해서 '하나님의 말씀에'라고 하면서 하나님의 이름까지 사용한다. 구약 신학자 폰 라드[147]는, 하와가 이처럼 말을 보태는 것은 그녀가 이미 흔들리고 있음을 보여 주는 것이라고 말한다. 그는 또 "하와는 이렇게 과장하면서 마치 그녀 자신이 하나의 법을 만들려고 하는 것처럼 보인다"고 평가한다.

다섯째, 하와는 하나님이 분명히 말씀하신 죄의 엄한 형벌을 상당히 감소시키고 아주 가볍게 다룬다. 창세기 2장 17절에서 하나님은 "네가 먹는 날에는 반드시 죽으리라"고 하셨다. 강조는 분명히 죽는다는 것이다. 그런데 3장 3절에서 하와는 "너희가 죽을까 하노라" 하면서 아마 죽을지도 모른다는 식으로 말한다. 하와는 하나님의 절대적인 명령을 이처럼 하나의 가능성으로만 전하고 있는데, 이 시점이 바로 타락의 출발점이 된다고 하겠다. 그래서 루터[148]는 하와가 하나님의 말씀에서 떠나 사탄에게 귀를 기울이는 3장 3절을 죄의 시작으로 생각한다.

여섯째, 뱀은 불순종을 통해 일어나게 되는 결과를 전면 부정한다. 창세기 2장 17절에서 하나님은 틀림없이 죽는다고 하셨다. 그런데 뱀은 3장 4절에서 결코 죽지 않을 거라며 하와를 설득시킨다. 어떤 신학자는 뱀이 첫 번째 거짓 예언자라고 했다.

일곱째, 뱀은 하나님의 명령에 대한 동기를 왜곡해서 부정적으로 말한다. 창세기 3장 5절에서 뱀은 "너희가 그것을 먹는 날에는 너희 눈이 밝아져 하나님과 같이 되어 선악을 알 줄 하나님이 아심이니라"라고 하면서 하와의 마음을 끌려고 온갖 술수를 쓰고 있다. 뱀의 표현을 보면, 선악과나무의 열매를 따 먹지 말라고 하신 이유는 선악과나무의 열매를 따 먹은 뒤에 그들이 얻게 될 지혜를 하나님이 두려워하고 시기하시기 때문이라는 것이다. 야심적인 인간이 갖게 될 지혜를 걱정하신다는 말이다. 결국 '하나님과 같이 되는 것'(to be like God)이 사탄의 유혹의 마지막 단계다.

뱀과의 대화에 깊이 빠져 들어간 하와는 마침내 금단의 열매를 따서 그녀 자신이 먼저 먹고 자기 남편에게도 주어 아담도 하나님이 금지하신 선악과나무의 열매를 먹게 된다. 하버드대학교 교수인 하비 콕스(Harvey Cox)[149]는, 그들의 치명적인 실수는 피조물인 인간으로서 사는 것에 만족하지 않고 '너희들도 하나님처럼 될 수 있다'는 뱀의 속삭임에 넘어가 버린 데 있다고 한다. 사실 모든 한계에도 불구하고 인간으로서 살아가는 것도 결코 나쁘지 않은데, 그들은 인간의 한계를 넘어서 하나님과 같이 되려고 했다.

뱀과 하와의 대화에서 우리의 주목을 끄는 또 하나는 하나님 이름의 사용이다. 아담이 하나님의 이름을 부를 때는 '야훼 엘로힘'(Yahweh Elohim, 여호와 하나님, The Lord God)이라고 했다. 그러나 뱀은 창세기 3장 1절과 5절에서 하와와 대화할 때 여호와(Yahweh, Lord)는 빼고 단지 하나님(Elohim, God)만 언급한다. 3절에 보면 하와도 뱀을 따라서 여호와는 생략하고 하나님이라고만 부른다. 왜 하와는 '여호와' 라는 이름을 빼 버렸을까? 자유주의 신학자 궁켈[150]은, 하와와 뱀이 여호와의 이름을 뺀 것은 여호와 백성이 아닌 자들과 이야기할 때는 여호와라는 이름을 피하는 것이 이스라엘 사람들의 정서이기 때문이라고 말한다. 하지만 구약 신학자 제이콥(B. Jacob)[151]은 궁켈과 다르게 해석한다. 그는 하와가 계약의 하나님, 나의 주님을 의미하는 이름인 '여호와' 라고 부르는 것을 피함으로써 하나님의 엄격한 명령과 금지의 개념을 다소라도 약화시키려 했다고 해석한다. 이렇게 볼 때 하와가 여호와를 빼고 하나님만 사용한 것이 이미 타락의 시작이라 하겠다.

인간이 유혹으로부터 완전히 자유로울 수 없음은 부정할 수 없는 사실이다. 어쩌면 우리 모두 일평생 유혹과 시험 속에서 살아야 할지도 모른다. 앞에서도 이미 언급했지만, 예수님조차도 세례요한으로부터 세례를 받은 후 광야에 계실 때 세 번의 시험을 받으셨다. 아담과는 대조적으로, 예수님은 신명기의 말씀을 인용해서 모두 물리치고 완전한 승리를 거두셨다(신 8:3, 6:13, 16). 불순종한 아담과 하와와는 달리, 예수님은 성령의 인도하심을 따라 하나님의 뜻에 전적으로 순종하셨다. 사도 누가는, 예수님의 승리로 사탄은 예수 그리스도를 일단 떠나갔지만, 잠시 떠났을 뿐 영원히 떠나간 것은 아니라고 말한다. 그의 표현을 원문에 가깝게 옮기면, '다른 기회가 올 때까지 잠정적으로 떠나갔다'(눅 4:13). 사탄은 지금도 우리 인간을, 하나님의 자녀들을 쓰러뜨리려고 끊임없이 기회를 찾고 있다.

10장

타락

'

　아담과 하와가 뱀의 유혹을 받고 선악과나무의 열매를 따 먹은 것을 흔히 '타락'(The Fall)이라고 부른다. 성경적으로 정의하면, '타락'은 인간이 하나님에게 순종하는 흠 없고 순결한 위치로부터 불순종과 죄의 상태로 떨어지게 된 것, 그 결과 하나님으로부터 분리된 것은 물론 황홀하고 더할 나위 없이 행복한 상태로부터 떨어져 나오게 된 것을 의미한다. 성경에는 '타락'이라는 단어 자체는 나오지 않으나, 타락이라는 용어를 만들 수 있는 내용은 성경 전반에 흩어져 있다. '타락'이라는 단어가 분명히 나오는 곳은 후기 유대교의 위경 에스라4서다. 에스라4서 7장 11절은 이렇게 기록하고 있다. "오 아담, 너는 무슨 짓을 했느냐? 죄를 지은 사람은 너지만 '타락'은 너 혼자뿐만 아니라 너의 후손인 우리 모두에게 미치지 않느냐."

　지금까지 끊임없이 제기되어 온 질문이 있다. 하나님은 전지전능하시다. 하나님은 아담의 타락을 이전에 충분히 막을 수도 있으셨을 것이다. 그럼에도 불구하고 하나님은 그의 타락이 그 자신은 물론이고 자손들에게까지 대대로 막대한 영향을 미치게 될 것을 아시면서 왜 아담의 타락을 허락하셨을까? 하나님이 이 세상에 악이 들어오도록 허락하신 이유가 무엇일까? 많은 학자들이 이에 대한 답을 찾아내기 위해 노력해 왔다. 현대 신학의 아버지 슐라이어마허[152]도 그의 유명한 저서 《기독교 신앙》(한길사 역간)에서 답을 주려고 노력한다. 그에 의하면, 비록 하나님의 힘은 무한하지만, 인간의 세계에서는 전혀 경험할 수 없는 하나님의 전능에 자기 제한을 둔다. 인간들에게 자유를 주기 위해서 하나님은 스스로 전능한 힘을 제한하셨다.

인간의 자유 의지에 대한 토론에서 성 어거스틴[153]은 죄를 짓지 않을 수 있는(to be able not to sin) 의지를 죄를 아예 지을 수 없는(not to be able to sin) 것과 분리한다. 전자는 노력만 하면 죄를 짓지 않을 수 있는 것이고, 후자는 기계처럼 처음부터 죄를 지을 수 없는 상태다. 아담은 창조될 때 전자, 즉 죄를 짓지 않을 수 있는 의지를 받았다. 또 하나님은 아담에게 죄를 짓지 않도록 충분한 은혜(sufficient grace)도 주셨다. 그러나 아담은 이 충족한 은혜를 제대로 사용하지 못하고 죄를 짓고 만다. 결국 타락은 자유 의지를 잘못 사용한 결과다.

뱀과 대화를 마친 하와는 이제 눈을 들어 선악과나무를 쳐다본다. 리라(Lyra)[154]는 하와가 금단의 나무를 쳐다보는 그 시점이 바로 타락의 시작이라고 말한다. 창세기 3장 6절에 의하면 선악과나무의 열매는 그야말로 좋게 보였다. 첫째는 먹음직도 하고, 둘째는 보암직도 하고, 셋째는 지혜롭게 할 만큼 탐스럽게 보였다. 하와가 느낀 이 세 가지 지각은 우리로 하여금 요한일서 2장 16절의 말씀을 연상케 한다. "육신의 정욕과 안목의 정욕과 이생의 자랑." 결국 하와는 선악과나무의 열매를 따 먹는다. 그러고 나서 그와 함께한 남편 아담에게도 주어 그도 금단의 열매를 먹고 만다. 창세기 3장 6절을 볼 때 타락으로 향하는 발걸음은 대단히 빨랐다. 그녀는 '보고', '취하고', '먹고', '주고', 그도 먹었다. 야고보서 1장 14-15절은 이를 다음과 같이 묘사한다. "오직 각 사람이 시험을 받는 것은 자기 욕심에 끌려 미혹됨이니 욕심이 잉태한즉 죄를 낳고 죄가 장성한즉 사망을 낳느니라."

아담은 타락함으로 말미암아 창조 당시 그에게 주어졌던 원천적인 의(original righteousness)를 그만 상실하고 말았다고 토마스 아퀴나스(T. Aquinas)[155]를 포함한 13세기 스콜라 신학자들은 말한다. 그들은 원천적인 의가 창조 당시 인간의 속성(attribute)으로서가 아닌 부가적인 선물(supper added gift)로서 주어졌는데, 아담이 타락함으로써 하나님이 그것을 도로 가져가셨다고 말한다. 이 부가적인 선물로 말미암아 아담의 영혼과 육신은 완전한 조화를 이루었으며, 만일 그가 타락하지 않았더라면 원천적인 의는 인간의 본성들과 더불어 그의 후손 대대로 내려올 수 있었을 거라 말한다. 한 걸음 더 나아가, 스콜라 신학자들은 비록 아담과 하와가 타락으로 말미암아 원천적인 의는 잃어버렸지만, 인간의 속성들은 처음에 창조되었던 상태대로 순수하게 남아 있다고 주장한다.

그러나 스콜라 신학자들의 원천적인 의 이론은 많은 비평을 받아 왔다.[156] 루터[157]에 의하면, 원천적인 의는 마치 예쁜 소녀가 쓰고 있는 화관처럼 선물로 부가된 것이 아니라 인간의 본질 중 하나이므로 인간의 본성과 분리시킬 수 없다. 이 원천적인 의는 죄로 말미암아 상실되었으며, 인간의 자연적인 속성들도 스콜라 신학자들이 열광적으로 외치는 것처럼 순전하게 남아 있지 않다고 루터는 계속해서 논쟁한다.

성경적으로 볼 때도 원천적인 의가 아담에게 부가적인 선물로 주어진 것 같지는 않다. 왜냐하면 성경은 죄짓기 전 첫 부모의 영적이고 신체적인 상태나 조건들에 대해서는 아무런 언급도 하지 않기 때문이다. 성경을 통틀어서 보아도 소위 '원천적인 의' 라는 말은 찾기 어렵다.

이쯤 되면 우리는 '그럼 아담은 창조된 지 얼마 만에 타락했는가?' 에 대해 궁금증을 느끼지 않을 수 없다. 성경에는 언제 타락했는지에 대해서는 아무런 언급이 없다. 18세기 독일의 신학자 헤르더(J. G. von Herder)는, 낙원에는 시간이 흐르지 않았기 때문에 알 수 없다고 말한다. 궁켈[158]도 낙원에는 시간에 대한 모든 측정이 잊혔기 때문에 시간의 흐름을 판단할 수 없다고 말한다. 이들과는 달리 몇몇 현인들은 여전히 아담과 하와가 에덴동산에서 쫓겨나기 전 얼마 동안이나 거기에 머물렀는지에 관심을 가지고 시간을 측정하려고 시도해 왔다. 성 어거스틴과 칼뱅[159]을 포함한 많은 학자들은, 아담과 하와는 예수님이 고난을 당하고 십자가에 달려 죽으신 금요일, 즉 여섯째 날에 타락했다고 말한다. 이들은 아마도 아담의 죄를 하나님의 구속 활동과 연결시키려는 것 같다. 루터[160]는, 아담은 여섯째 날에 창조되고 그다음 날인 일곱째 날, 즉 안식일에 넘겨졌다고 한다. 위경에 속하는 에녹2서(2 Enoch)는, 아담은 낙원에서 다섯 시간 반 만에 타락했다고 한다. 또 다른 위경 희년서는, 아담과 그의 아내 하와는 밭을 갈고 지키면서 에덴동산에서 7년 동안 살았는데, 7년째 되던 해 말경에 뱀이 여자에게 다가와 그녀를 유혹했다고 한다.[161] 그러나 대부분의 유대 랍비들[162]은 아담의 창조로부터 타락, 축출까지의 모든 사건들이 아담이 창조된 날 하루 동안에 일어났다고 생각한다. 물론, 지금까지 위에서 언급한 모든 견해들은 단지 추측일 뿐, 사실에 근거한 것들은 아니다.

어떤 학자들은 타락을 상당히 가볍게 생각한다. 심지어는 타락을 우리 첫 부모의 신중하지 못하고 철없는 행동 정도로 보는 사람들도 있다. 그러나 대부분은 타락을 심각하게 다루어 왔으며, 따라서 많은 토론들이 계속되어 왔다. 아담의 타락과 관련해서 빈번히 거론되어 온 견해들을 간략하게 소개한다.

1. 아래로의 타락(a fall downward)

이것은 정통 기독교의 견해다. 아담과 하와가 더없이 행복한 에덴동산에서 쫓겨난 후로부터 인간의 고뇌와 고난이 시작되었다. 일단 이 세상에 들어온 악은 계속해서 적극적으로 활동한다. 죄의 역사는 지속되었고, 아래로의 타락은 그 속도를 한층 더해 갔다. 아담의 맏아들인 가인이 동생 아벨을 죽였다. 하나님은 가인에게 "죄가 문에 엎드려 있느니라"(창 4:7)고 말씀하셨다. 가인의 계열에서 아담으로부터 7대째 아들인 라멕은 두 아내를 취하는 첫 번째 중혼 죄인이 될 뿐만 아니라 피의 복수자가 되었다(창 4:19-24). 이후 창세기 6장에 가면 하나님의 아들들(아마 셋의 후손들)과 사람의 딸들(아마 가인의 후손들)이 결혼하는 바람직하지 않은 사건의 이야기가 나온다. 이런 연속적인 악한 사건들은 결국 노아의 대홍수(창 7장) 사건을 일으켰다. 물론 그 후에도 바벨탑의 붕괴(창 11장)와 소돔과 고모라의 멸망 사건(창 19장)으로 이어졌다. 출애굽 때에는 그들을 애굽에서 인도해 내신 하나님 대신 금송아지를 만들어서 숭배하는 일까지 벌이는 등 이스라엘의 죄는 극도에 달했다(출 32장). 아담의 타락을 통해 첫 죄가 세상에 들어온 이후 이 세상에는 악만이 눈덩이와 같이 급속도로 자라 갔다.

2. 위로 향하는 타락(a fall upward)

앞에서 언급한 정통 기독교의 견해와는 반대로, 몇몇 학자들은 타락을 떨어져 나가는 대신 위로 올라가는 첫걸음으로 이해한다. 헤겔[163]에 의하면, 인간은 행위(acts)가 아니라 지식(knowledge, Erkenntnis)에 의해서 악하게 되었다. 제한적인 자유를 가지고 인간이 하나님처럼 되려고 한 것이 죄다. 그리고 인간이 지식을 얻은 후 하나님으로부터 독립하려고 한 것이 바로 타락이다. 같은 맥락에서 웨스터만[164]은 이렇게 말한다. 인간은 삶과 지식에 대한 강한 본능적 욕구(drive)를 가지고 창조되었다. 바로 이 본질 때문에 인간의 존재는 불가능을 향한 끊임없는 추구의 과정이며, 그 결과 인간은 그의 한계를 넘어서려고 노력한다. 이것이 바로 하나님과 인간의 관계에서 갈등의 뿌리가 된다. 이렇게 볼 때 타락은 틸리히[165]가 묘사한 것처럼 단절이 아니라 불완전한 실현이다.

아담과 하와가 금단의 열매를 따 먹었을 때 뱀이 하와를 감언이설로 꼬인 대로 그들의 눈이 뜨였다. 그들의 눈이 뜨였다는 것은, 그들이 이전에 알지 못하던 것을 알게 되었다는 의미다. 그래서 히브리어 성경 타르굼 조나단(Targum Jonathan)의 고대 아람어 주석[166]은 창세기 3장 7절에 대한 주석에서 '그들의 눈이 뜨였다' 라고 설명하는 대신 '그들이 계몽되었다'(They were enlightened)라고 쓰고 있다. 창세기 3장 22절에 보면 하나님조차도 사람이 선악을 아는 일에 우리 중 하나와 같이 되었다고 말씀하셨다. 이 모든 표현들은 마치 그들이 계몽되어서 문명과 문화를 향한 첫 발자국을 내디딘 것처럼 보인다. 그렇다면 첫 인간의 죄는 바로 창조주 하나님이 허락하지 않고 금지한 과학적, 문화적인 지식의 보고를 낚아챈 것[167]이라고 하겠다.

사실 창세기 4장을 보면 문명의 발생뿐 아니라 눈에 띄게 발전하는 모습을 기록하고 있다. 4장은 에덴동산에서 추방된 아담과 하와의 삶으로부터 시작된다. 몇 가지만 추려 보면, 17절은 가인이 도시를 세우고 자기 아들의 이름을 따라 에녹이라고 부른다. 22절은 라멕의 아들 두발가인이 구리와 쇠를 가지고 온갖 종류의 연장들을 만든다. 눈부신 과학의 발전과 기술 문명의 성장이 일어난다. 이렇게 볼 때 타락은 선하신 하나님으로부터 분리된 것이 아니라, 오히려 문명을 향해 내딛은 힘 있는 전진이다. 이는 하나님을 향한 일종의 독립 선언처럼 보인다. 그들이 취득한 지식을 가지고 이제 하나님에게 의지하지 않고 그들 스스로 살 수 있을 만큼 성숙해진 것처럼 보인다.

그러나 좀 더 깊이 생각하면 이는 거짓된 성숙(a false maturity)이라고 앤더슨(B. W. Anderson)[168]은 지적한다. 앤더슨은 예수님의 탕자의 비유를 그 예로 든다. 탕자는 거짓된 성숙함에 사로잡혀 아버지로부터 독립해 먼 나라로 떠났다. 그곳에서 그의 재산을 다 탕진하고 하나님과 사람들로부터 소외되었다. 마찬가지로 아담과 하와는 거짓된 성숙함 때문에 피조물로서의 한계를 넘어서 하나님처럼 되려고 했다. 이 반역은 에덴동산에서의 추방과 하나님으로부터 깊이 분리되고 소외되는 치명적인 결과를 초래했다.

3. 교육적인 목적으로 만들어진 원인론적인 신화

몇몇 자유주의 신학자들은 타락을 원인론으로부터 이해하려고 한다. '원인론'(etiology)이라는 용어는 헬라어 아이티아(aitia)에서 온 것으로, 아이티아의 의미는 원인이라는 뜻이며, 따라서 원인론은 '원인을 연구하는 학문'이라고 하겠다. 이 분야의 대표적인 학자로는 구약에서는 헤르만 궁켈, 신약에서는 마르틴 디벨리우스(M. Dibelius)를 들 수 있다. 이들은 타락이란 아래로의 타락도 아니고 위로 향하는 타락도 아니며, 단지 원인론으로부터 만들어진 하나의 교육적인 전승(a didactic legend)이라고 주장한다. 원인론은 '왜'(why)라는 물음에 해답을 주려고 노력한다. 인간의 삶에서 나타나는 여러 가지 특징적인 모습들을 인간이 처음 존재하기 시작한 시점까지 거슬러 올라가 그 기원을 찾으면서 설명하려고 한다. '왜 인간은 이마에 땀을 흘려야만 먹고사는가?', '여자는 왜 출산할 때 고통스러워하는가?', '왜 뱀은 배로 기어 다니는가?', '뱀과 인간 사이에는 왜 반감이 존재하는가?', '인간은 왜 동물들과 달리 옷을 입어야 하는가?' 원인론을 주장하는 학자들은 아담의 타락이 에덴동산에서 실제로 일어난 일이 아니라, 여러 가지 궁금하고 의심스러운 질문에 대답을 주면서 교육적인 목적으로 만들어진 전승에 불과하다고 주장한다. 궁켈[169]은 여기서 한 걸음 더 나아가, 원인론의 대가들은 '태초에 어떻게 땅과 하늘이 시작되었는가?', '왜 인간은 반드시 죽어야 하는가?', '인간의 이성과 영혼은 어떻게 시작되었는가?' 등 인간의 보편적이면서도 가장 궁극적인 의문들을 설명할 수 있었다고 말한다. 궁켈은 이러한 질문들을 철학과 신학의 시초로 생각한다.

4. 하나님의 섭리(providence)와 예정(predestination) 아래 일어남

하나님은 분명 아담이 타락할 것을 미리 아셨다. 그런데 하나님은 왜 그가 죄짓는 것을 말리지 않으셨을까? 슐라이어마허[170]는 은혜와 구속의식(the consciousness of grace and redemption)을 강조하면서 이 질문에 대답을 주려고 한다. 인간의 종교적인 경험은 죄의식과 은혜의식이 언제나 대립하는 주관적인 자기의식에서 출발한다. 인간은 죄의식이 없이는 은혜의식을 가지지 않는다. 달리 말하면, 죄의식은 은혜의식을 선행하며, 따라서 구속의식을 일으키는 조건이 된다. 슐라이어마허의 이러한 해석은, 죄가 은혜와 함께 존재하게 된 것은 마치 하나님이 인간을 위해 그렇게 임명(ordain)하셨다는 느낌을 준다. 하나님이 인간을 위해 죄의식을 임명하셨다는 것은, 죄의식을 불러일으키기 위해서 아담의 타락이 필요했고, 곧이어 예수님의 십자가를 통한 구속의 사건이 뒤따라올 것이라는 것을 암시한다. 이미 창세전부터 모든 일들이 구속자의 출현을 위해 예정된 것처럼 보인다. 그렇다면 하나님이 죄(오로지 구속과 관련된 죄)의 창시자인 것처럼 느껴진다. 그러나 이 죄는, 비록 인간 편에서는 여전히 죄로 여기지만 하나님 편에서 볼 때는 죄가 아니다. 하나님이 인간들로 하여금 죄로 해석하고 구속의 필요를 느끼도록 하기 위해서 임명하셨기 때문이다.

비슷하게 칼뱅[171]도, 아담은 하나님의 예정에 의해 타락했다고 말한다. 그는 처음에 아담이 자유 의지를 잘못 사용했기 때문에 죄가 세상에 들어오게 되었다고 체계적으로, 형이상학적으로 설명한다. 그러나 그의 신학의 큰 틀인 예정론의 관점에서 보면 인간의 자유 의지가 일할 수 있는 공간을 찾기 어렵다. 인간의 모든 행동은 하나님의 예정 안에서 움직이기 때문에 아담의 타락 원인에 대한 문제의 유일한 해답은 한 가지뿐이다: 하나님의 임명(God's ordain). 그래서 칼뱅[172]은 말한다. "첫 인간의 타락은 하나님이 그것을 효율적이라고 판단하셨기 때문에 일어났다. 왜 그렇게 판단하셨는지 우리는 모른다. 그러나 그렇게 함으로써 그분의 영화로운 이름이 온전히 드러난다고 생각했기 때문에 그렇게 판단하신 것이 분명하다."

19세기 독일의 위대한 복음적인 구약 신학자 헹스텐버그[173]도 슐라이어마허나 칼뱅과 같은 맥락에서, 하나님은 아담이 타락할 것을 미리 아셨지만 그가 시험받는 것을 허락하셨다고 말한다. 그러면 하나님의 허락은 그분의 선하심과 지혜로우심과 더불어 어떻게 조화를 이룰 수 있는가? 그는, 이는 적어도 섭리의 시행(The dispensation of providence) 차원에서 이해될 수 있다고 말한다. 인간이 하나님의 형상으로 창조되었다는 것이, 우리가 도덕적인 부패로부터 면제되었음을 의미하는 것은 아니다. 처음 창조된 인간은 불완전하고 어린아이와 같은 수준에 있었음을 성경은 보여 주고 있다. 이러한 미성숙한 상태는 지적인 경건함과 하나님에게로 향하는 헌신의 수준으로 승화되어야 하며, 이러한 변화를 가져오기 위해 금지 명령이 필요했다. 하나님은 이런 목적으로 금지 명령을 내리셨으며, 타락이 일어나도록 허락하셨다.

그러나 "아담이 타락할 것을 미리 아신 하나님은 당신 자신이 임명한 구원의 방법으로 그 타락의 부정적인 결과들을 제거할 뿐만 아니라, 그 방법을 통해 인간을 성숙함으로 인도하는 길을 미리 마련해 놓으셨다. 이 성숙함은 유혹자에 대항해서 견고히 섬으로써 이룰 수 있었으나, 처음 창조되었을 때는 소유하지 못했고, 시험을 통하지 않고서는 취득할 수 없었다." 그렇기 때문에 타락은 구속과 분리해서 생각해서는 안 된다.

그렇다면 위에서 언급한 견해들을 종합해 볼 때, 타락은 존 밀턴(J. Milton)이 그의 작품《실낙원》(Paradise Lost)에서 아담의 입을 통해 묘사했듯이 '행복한 실수'(the happy fault, felix culpa)였음이 분명하다. 왜냐하면 타락이 하나님의 아들, 예수 그리스도를 통해서 세상을 구원으로 인도했기 때문이다. 인간이 지금은 고통과 죽음을 경험하면서 살아야 하지만, 그들은 아담이 불순종하지 않았더라면 알지 못했을 자비와 은혜와 구원을 또한 경험할 수 있기 때문이다.

이처럼 하나님의 섭리와 예정론이라는 큰 틀에서 볼 때, 죄의 기원은 하나님 자신과 연결되는 것처럼 보인다. '왜 하나님은 아담이 타락하는 것을 허락하셨을까?' 라는 질문에 슐라이어마허, 칼뱅, 헹스텐버그 그리고 여러 다른 학자들은 그 대답을 하나님의 불가사의한 신비로운 역사로 돌리고 있다. 인간은 그분의 뜻을 측량하거나 헤아릴 수 없기 때문이다. 욥이 "네가 하나님의 오묘함을 어찌 능히 측량하며 전능자를 어찌 능히 완전히 알겠느냐"(욥 11:7)라고 표현한 대로, 하나님의 지혜는 너무 높아서 우리 인간으로서는 전혀 미치지 못한다. 이러한 진퇴양난의 어려움에 봉착한 루터[174]는 계시된 하나님(the God preached, deus praedicatus)과 숨겨진 하나님(the God hidden, deus absconditus), 다시 말해서 하나님의 말씀 (the Word of God, verbum dei)과 하나님 자신(God Himself, deus ipse)을 구분하면서 피난처를 찾으려 한다. 계시된 하나님의 말씀은 신구약 66권을 말하고, 계시되지 않은 하나님의 말씀은 하나님 자신을 가리킨다. 창세기의 초반부, 이를테면 아담의 타락이나 죄의 기원과 같은 것들은 너무 이해하기 어려워서 성경으로부터 딱 떨어지는 답을 끌어내기란 불가능하다. 그러나 만일 우리가 하나님 자신의 영역으로 들어간다면 성경에서 해결되지 않은 신비로운 문제들이 모두 분명히 해결될 것이다. 그러나 그곳은 우리 인간으로서는 미칠 수 없는 절대적으로 금지된 영역이다. 이에 루터[175]는, "우리를 넘어서 있는 것들은 우리의 일이 아니다"라고 말한다. 또 머리[176]는, "우리는 이 해결되지 않은 문제들을 하나님 손에 맡기고 겸손히 자족해야 한다"고 말한다.

11장

인간의 의: 무화과나무 잎으로 만든 옷

창세기 3장 6절에 의하면, 아담과 하와는 뱀의 유혹에 넘어가 선악과를 따 먹었다. 다음 구절인 3장 7절은 그들이 그 금단의 열매를 먹자마자 습득한 지식이 무엇인지를 우리에게 말해 준다. "이에 그들의 눈이 밝아져 자기들이 벗은 줄을 알고." 그들은 처음으로 자기들 몸에 아무것도 걸치지 않고 있음을 알게 되었다. 선악과를 따 먹기 전에는 자기들이 벌거벗은 줄을 몰랐고, 부끄러워하지도 않았다. 하지만 그들의 눈이 열리자마자 나체임을 깨닫고 부끄러움을 느끼게 되었다. 그들은 불순종함으로써 초래된 결과들을 의식하게 되었다. 그래서 그들의 벌거벗은 몸과 수치스러움을 가리려고 무화과나무 잎으로 덮개(옷)를 만들었다.

여기서 우리의 관심은 나체(the nakedness)가 무엇을 의미하는지에 모아진다. 도대체 '벗다'(naked)라는 단어에는 어떤 의미가 함축되어 있는가? 창세기 3장 7절로부터 우리는 대체로 두 가지 의미를 추출해 낼 수 있을 것 같다: 육체적인 벌거벗음에서 오는 부끄러운 감정과 영적인 나체로부터 발생되는 죄의식. 이 두 가지 개념이 본래 지니고 있는 성격과 관련해서 많은 심리학적, 사회학적 그리고 신학적인 연구가 지금까지 소개되어 왔다. 몇몇 학자들은 부끄러운 감정과 죄의식을 비슷한 개념으로 생각하는가 하면, 다른 학자들은 그들을 가능한 분리해서 생각하려고 한다. 우리는 성경적인 문맥에 따라 분리해서 생각할 것이다.

1. 육체적인 벌거벗음: 부끄러움

여기서 나체는 실제로 아담과 하와의 몸이 벌거벗었음을 말한다. 그야말로 그들의 몸에는 실오라기 하나도 없다. 죄를 짓기 전에는 벌거벗었으나 그것을 의식하지 못했고, 부끄러워하지도 않았다. 그러나 금단의 열매를 먹자마자 그들은 자기들이 벌거벗었음을 깨닫게 되었고, 깊은 부끄러운 감정이 뒤따랐다. 그들의 이러한 의식과 감정은 불순종의 결과로 기인된 것이 분명하다. 창세기 2장 25절, "아담과 그의 아내 두 사람이 벌거벗었으나 부끄러워하지 아니하니라"가 그것을 뚜렷하게 증거한다. 루터[177]에 따르면, 죄가 없는 상태에서는 나체로 다니는 것이 가장 영광스러운 일이었다. 그들이 벌거벗은 것과 부끄러움을 알게 된 것은 타락하고 난 후였다. 죄로 말미암아 그들은 나체의 영광을 상실하고 말았다.

궁켈[178]은 창세기 2장 25절을 주석하면서, 에덴동산에서 아담과 하와는 성적으로 지극히 순진한 수준에 있었기 때문에 아마도 부부관계를 하지 않았을 것이라고 생각한다. 선악과를 먹기 전에 그들은 아직 어린아이와 같은 상태에 있었으므로 남자와 여자 사이의 성적인 차이를 알지 못했고, 그래서 서로를 부끄러워하지도 않았을 것이라고 말한다.

궁켈과는 반대로, 성 어거스틴[179]은 그들이 낙원에서 부부관계를 즐겼을 거라고 말한다. 태초에 인간은 아이들을 낳아 수를 중식하고 번성해서 땅을 채우는 바로 그 창조의 목적을 가지고 다른 성별의 육체를 가진 남자와 여자로 창조되었다. 죄를 짓기 전에는 인간 몸의 모든 기관들이 거룩한 의지에 순종했기 때문에 과격한 성욕에서가 아니라 그냥 자연스런 부부관계를 가졌고, 부부관계를 할 때도 누가 볼까 봐 숨거나 얼굴을 붉힐 필요가 없었을 것이라 말한다. 루터[180]도 비슷한 이야기를 한다. "만일 아담이 무죄한 상태에 계속 있었더라면 남편과 아내 사이의 부부관계는 가장 즐겁고 행복한 일이었을 것이다. 자손을 증식하는 바로 그 일은 가장 거룩하고 존귀한 일이었다." 따라서 이 일을 하려고 컴컴한 곳으로 숨을 필요도 없었을 것이다. 인간이 자신의 벌거벗은 모습과 부부관계하는 것을 부끄럽게 여기게 된 것은 아담이 죄를 지은 후부터다.

성 어거스틴이 처음으로 과격하고 부끄러운 정욕 혹은 색적인 욕망을 원죄와 연결시켰다.[181] 원래 정욕(concupiscence)은 프로이드(S. Freud)의 리비도(libido)처럼 성적인 지식이나 욕구뿐만 아니라 강력한 힘, 끊임없는 야심 또는 욕망 등을 가리킨다. 성 어거스틴[182]에 따르면, 태초에 이 정욕은 낙원에서도 존재했다. 그러나 아담의 타락 전에 그것은 수치스러운 정욕이라기보다는 영적인 정욕이었다. 아담과 하와는 하나님과 모든 피조물들 앞에서 부끄러움 없이 나체로 돌아다녔다. 불순종의 죄가 일어나지 않았더라면 부끄러움을 일으키는 정욕도 없었을 것이다. 아담이 죄를 지었을 때 과격한 색적인 욕망이 존재하게 되었고, 그것은 그들의 자손들에게도 이어져 내려오게 되었다. 그래서 아담의 타락 이후에는 모든 사람이 죄악 속에서 형성되고 죄 가운데 태어난다. 인간은 글자 그대로 '죄 속에서', '우리 부모의 죄 가운데서' 존재하게 된다.

한편 몇몇 학자들은 타락 직후 그들이 습득한 지식, 즉 그들의 몸이 벌거벗었다는 것에 대한 인식이 성적인 지식과 관련이 있다는 생각에 동의하지 않는다. 그들은 나체를 인식하지 못하는 것이 꼭 성적인 지식의 결핍과 동일시될 필요는 없다고 주장한다.[183] 예를 들면, 어떤 토착 원주민들은 성적인 지식과는 전혀 관계없이 나체로 돌아다닌다. 더욱이 타락 전에 아담과 하와가 그들이 나체임을 의식하지 못하고 있었을 때에도 성적인 지식이 이미 존재하고 있었음을 창세기 2장 23절이 보여 주고 있다. 하나님이 하와를 만들어서 아담에게로 데려오셨을 때, 그는 기쁨에 넘치는 환희로 하와를 맞이했다. "이는 내 뼈 중의 뼈요 살 중의 살이라." 이 로맨틱한 고백은 그의 아내 하와를 향한 성적인 지식을 포함한 사랑을 보여 주고 있다. 다음 구절인 2장 24절은 왜 남자가 부모의 품을 떠나 아내와 연합해서 한 몸이 되는지에 대한 이유를 설명하고 있는데, 웨스터만[184]에 의하면 이 구절은 남자와 여자 사이의 숨김 없고 본질적인 사랑의 힘을 설명하기 위해서 부가되었다고 한다. 게다가 만일 성적인 지식이 부끄러운 것이라면 이는 하나님의 원래의 명령, "생육하고 번성하여 땅에 충만하라"(창 1:28)와도 반대된다. 루터[185]의 말로 표현하면, 자손을 번성하게 하는 것, 즉 출산을 위한 작업은 종들(species)을 보존하는 일인 만큼 가장 중요하고 탁월한 일이므로 하나님의 축복으로 이해되어야 한다.

아이를 낳는 일은 성적인 지식과 충동에 의해 가능하다. 그러나 지나친 색욕은 아담의 타락에 의한 직접적인 결과임이 분명하다. 죄로 인해 우리 신체의 가장 유효한 부분이 가장 부끄러운 부분이 되었기 때문에 부부관계는 자긍심이 없이 오히려 부끄러움을 느끼면서 어둠 속에서 행해진다고 루터[186]는 말한다. 인간 사회와 역사를 경험적으로 살펴보아도 과격한 색욕 때문에 강간, 간음, 가정 내 폭력, 살인 등 헤아릴 수 없는 사회, 도덕적 문제들이 계속해서 발생했으며, 이것은 지금도 여전히 계속되고 있다. 성 어거스틴과 루터의 주장대로, 아담의 타락의 결과 육체적인 정욕이 그 후손들에게 물려 내려오는 것 같다.

2. 영적인 벌거벗음: 죄의식

나체는 아담과 하와가 영적으로 벌거벗었음을 의미한다. 이는 하나님 앞에서 그들이 느끼는 죄의식이다. 이 영적인 나체 의식은 그들의 타락한 상태로부터 시작되었다고 영[187]은 말한다. 타락하기 전 그들은 모든 일을 올바른 원칙 아래, 또한 하나님의 계시에 따른 관점에서 판단했다. 이제 그들은 타락하고 죄 된 마음과 영혼으로 구성된 인간의 관점으로 모든 일들을 판단하게 되었다. 창세기 3장 8절은 영적으로 나체가 된 그들이 어떻게 행동하는지를 생생하게 보여 주고 있다. 하나님의 명령에 불순종한 아담과 하와는 바람이 불 때 하나님이 동산을 거니시는 소리를 들었다. 그들은 까무러치게 놀라며 동산 나무들 사이로 몸을 숨겼다. 그들의 죄의식이 그들로 하여금 하나님으로부터 피하게 만든 것이다. 그들은 비난받아 마땅하고 처벌받을 수밖에 없기에 거룩한 하나님 앞에 감히 설 수가 없었다. 그래서 아트킨슨[188]은, 나체 의식은 죄된 마음에서 일어나는 자기의식의 징후(a symptom of self-consciousness)라고 표현한다. 또 아일랜드 출신 학자인 에리우게나[189]는, 아담과 하와가 그들의 나체를 깨닫게 된 순간은 바로 그들이 처음에 소유했던 덕목들(virtues)의 상실을 인식하게 된 시점이라고 말한다.

나체에 대한 의식은 결국 육체적인 부끄러움과 영적인 죄의식을 모두 포함하는 것으로 보아야 할 것 같다. 그래서 아담과 하와 는 이 부끄러움을 가리고 죄의식을 무마하기 위해 무화과나무 잎 을 엮어서 옷을 만들어 입었다.

　에덴동산에는 온갖 종류의 나무들이 있는데 왜 하필이면 무화 과나무 잎을 사용했을까? 유대 문헌인 탈무드에 의하면, 그 나무 의 잎이 선택된 데는 그럴 만한 이유가 있다. 이는 아담과 하와로 하여금 문제를 일으키게 한 사건과 관계된다. 그들이 벌거벗은 것 을 깨닫게 된 것은 금단의 열매를 따 먹고 나서부터다. 다시 말하 면, 그들에게 어려움과 고통을 가져온 것은 바로 선악과나무인 것 이다. 그들은 애초에 문제를 일으킨 선악과나무의 잎으로 옷을 만 들어 그들의 어려움을 해결해 보려고 노력했을 것이다. 그래서 많 은 유대 학자들은 무화과나무를 선악과나무로 생각한다. 랍비 느 헤미야(Rabbi Nechemiah)[190]는 그러한 논리를 다음과 같이 설명한다. "무화과나무 잎이 선택된 이유는, 하나님은 당초에 문제를 일으 킨 바로 그것으로 인간의 고통을 치료하시기 때문이다 … 이는 그 분의 전능하심을 잘 드러내고 있다. 하나님은 강력하시기 때문에 능히 파괴적인 힘을 건설적인 것으로 바꿔 놓을 수 있으시다."

　아담과 하와가 무화과나무 잎을 엮어서 그들의 부끄러움과 죄 의식을 덮어 보려고 한 것은 자기들이 저지른 죄를 스스로의 노력 을 통해서 가려 보려 하는 인간의 노력을 의미한다. 에드워드 영[191] 은 이것이 인간의 노력을 통해서 구속을 얻으려는 첫 번째 시도였다고 말한다. 아담과 하와가 만든 무화과나무 옷을 아트킨슨은 '자기 의의 앞치마'(the apron of self-righteousness)[192]라고 묘사한다. 아담과 하와는 자신들의 노력으로 하나님 앞에서 영적인 벌거벗음, 죄의식을 가려 보려고 시도했는데, 아트킨슨은 그러한 행위가 종교적인 선한 행동을 통해서 의인이 되려고 하는 행동과 유사한 것이라고 말한다. 그러나 사도 바울은 로마서 3장 20절을 통해 아무도 율법을 지킴으로써, 다른 말로 하면 스스로의 노력으로 의인이 될 수는 없다고 엄격하게 경고하고 있다.

구약의 성전 시대에 이스라엘 사람들은 1년에 한 번씩 그리고 속죄일(the Day of Atonement)에 1년 동안 지은 죄를 모두 용서받고 하나님과 화해를 이루었다. 히브리어로 '속죄'라는 단어의 명사형은 '키푸림'(kipurim, כפר), 동사형은 '키페르'(kipper, כפר)다. 동사형인 '키페르'의 문자적인 의미는 '덮다'(cover for)인데, 이 의미로부터 우리는 구약 시대에 행해진 죄의 용서가 죄를 완전히 씻어 없애 버리는 것이 아닌, 단지 일시적으로 덮어 준다는 뜻임을 알 수 있다. 사실상 죄는 여전히 남아 있다는 말이다. 이 죄를 우리의 더러운 몸에 비유한다면, 더러운 몸은 깨끗한 옷을 입음으로써 가릴 수 있으나, 깨끗한 옷을 입는다고 몸의 더러움이 없어지는 것은 아닌 것과 같은 이치다. 그리고 구약 시대에 행해진 속죄가 바로 이와 같다. 더욱 흥미로운 것은, '키푸림'이라는 단어는 아담과 하와가 범죄한 후 자신들의 부끄러운 나체를 가려 보려고 무화과나무 잎을 가지고 옷을 만들어 입은 행동에서 유래되었다고 한다.

의심할 나위 없이, 아담과 하와가 자신들이 한 일에 부끄러움과 죄의식을 느꼈다는 것은 그들의 구속에 희망이 있다는 것이다. 죄인이 부끄러움과 죄의식을 느끼지 않는다면 치료와 회복의 길은 없고 정죄와 심판만이 있을 뿐이다.[193] 아담과 하와는 부끄러움과 죄의식을 느낀 나머지 하나님으로부터 도망쳐서 무화과나무의 보호 아래 도피처를 찾으려고 노력했다. 그들은 무화과나무 잎으로 옷을 만들어 수치를 가리려는 헛된 수고를 했다. 그러나 그들의 이러한 시도란 얼마나 헛되고 무력한가! 그런 보잘것없는 덮개로 덮어 하나님의 눈을 피하려 했다니, 이 얼마나 어리석으며 터무니없이 우스꽝스러운 일인가! 이사야 선지자가 "우리의 의는 다 더러운 옷 같으며"(사 64:6)라고 기록한 대로, 인간의 노력은 그야말로 미약하고 무익하다.

인간의 노력으로 부끄러운 나체를 가릴 수 없다는 것은 의심할 여지가 없다. 인간은 아무도 의인이 될 수 없기에, 인간의 의로운 행위로는 부끄러움과 죄의식을 씻을 수 없다. 오직 하나님의 값없이 주시는 선물인 의와 자비를 통해서만 죄를 덮고 깨끗이 씻을 수 있다. 그래서 바울은 에베소서 2장 8-9절을 통해 다음과 같이 강조했다.

"너희는 그 은혜에 의하여 믿음으로 말미암아 구원을 받았으니 이것은 너희에게서 난 것이 아니요 하나님의 선물이라 행위에서 난 것이 아니니 이는 누구든지 자랑하지 못하게 함이라."

12장

하나님의 심판

죄는 뱀으로부터 출발해서 여자를 거쳐 남자에게로 간다. 하나님의 심문은 남자로부터 시작해서 여자에게로 가지만, 뱀은 하나님의 심문에서 제외된다. 하나님의 심판은 죄를 지은 순서에 따라 선포된다. 처음에는 뱀, 두 번째는 여자, 그리고 나서 남자에게 심판이 선포된다. 이는 성경에서 처음으로 등장하는 하나님의 심판이다. "사람이 무엇으로 심든지 그대로 거두리라"고 기록하고 있는 갈라디아서 6장 7절의 말씀대로, 이는 여호와 하나님의 공의에 기초한 심판이다.

1. 뱀에게(창 3:14-15)

놀랍게도 하나님은 아담과 하와를 심문한 것처럼 뱀을 심문하지 않으셨다. 하나님은 뱀에게 "왜 이런 짓을 했느냐"고 묻지도 않으셨다. 죄를 고백하게 하려는 질문이나 잘못을 깨닫게 하려는 꾸짖음이 뱀에게는 주어지지 않았다. 곧바로 하나님은 "네가 이렇게 하였으니"(창 3:14)라는 말씀으로 시작하셨다. 더욱이 뱀에게는 심판이 아니라 저주가 선포되었다.

하나님은 왜 뱀에게는 토론과 질문이 없이 곧바로 저주를 선포하셨을까? 유대 문헌 미드라쉬 라바[194]는 뱀이 이미 좋은 대답을 준비하고 있었기 때문이라고 설명한다. "만일 내(하나님)가 그(뱀)와 토론을 하면 그는 '당신도 그들에게 명령했고 나도 했는데, 왜 그들은 당신의 말을 듣지 않고 내 말을 들었는가?'" 하나님은 뱀의 이러한 간교한 술책을 먼저 아시어 직접 저주를 선포하셨다고 한다. 그러나 보다 더 그럴듯한 대답은, 뱀은 도덕적인 기준도, 구원받을 가능성도 없는 동물에 불과하기 때문이다. 특히 뱀은 사탄의 도구로서 하와를 유혹해서 죄를 짓게 만든 자이므로 심판이 아니라 저주가 내려졌다. 심판을 받은 아담과 하와에게는 자비와 용서와 회복의 길이 열려 있지만, 이러한 구속으로 향한 길이 저주를 받은 뱀에게는 닫혀 있다.

창세기 3장 14절에서 여호와 하나님이 뱀을 저주하실 때 비교급인 '-보다도 더'(above all)라는 문구를 사용해서 "네가 모든 가축과 들의 모든 짐승보다 더욱 저주를 받아"라고 하신 것에 우리는 주목하게 된다. 모리스(H. M. Morris)[195]와 같은 신학자들은, 비교급 문구가 사용된 것을 보면 뱀뿐만이 아니라 아무 죄도 짓지 않은 다른 동물들도 저주를 받은 것 같다고 말한다. 뱀은 단지 다른 동물들 '보다 더' 저주를 받았다는 것이다. 이들과는 반대로 프레타임과 드라이버 같은 학자들[196]은, 비록 비교급 문구가 사용되었지만 다른 동물들도 모두 뱀과 함께 저주를 받은 것이라고 생각할 필요는 없다고 한다. 뱀은 다른 동물들과 구분되어서 가장 천한 존재로 운명 지어졌다고 말한다. 드라이버는 특히 'above' 라는 단어의 문자적인 의미에 주목하면서, 만일 above가 여러 의미들 가운데 'out of' 라는 의미로 쓰이면 이 구절은 '다른 동물들과 구분되어 저주받는 존재로 선택되었다' (selected out of others as cursed) 라고 해석될 수 있다고 말한다. 그러나 아담의 죄 때문에 모든 피조물, 심지어 땅까지도 저주받은 것(창 3:17-19)을 고려하면, 가축이나 야생 동물들과 같은 피조물들이 하나님의 저주로부터 제외된 것 같지는 않다.

뱀에게 내려진 저주는 세 가지다.

1) 뱀은 가슴과 배로 기어 다닌다

'저주를 받기 전에 뱀은 어떤 모양으로 다녔을까?' 라는 의문은 계속해서 사람들의 흥미와 추측의 대상이 되어 왔다. 많은 학자들은, 뱀이 저주를 받기 전에는 사람처럼은 아니어도 닭이나 사슴처럼 두 다리 혹은 네 다리로 걸어 다녔을 것이라고 말한다. 위경 희년서 3장 23절의 주해에 보면 뱀은 네 다리를 가지고 있었다고 기록하고 있다. 분명한 것은 창세기 3장 14-15절로 미루어 볼 때, 저주를 받은 후의 뱀의 움직이는 모양과 스타일이 본래의 모습과 달라졌다는 사실이다.

2) 뱀은 살아생전 흙을 먹고 산다

이 저주는 원래 뱀도 다른 동물처럼 음식을 먹었으나, 더 이상 음식을 먹지 못하고 흙을 먹고 살아야 하는 것을 암시한다. 하지만 뱀도 사실상 흙이 아닌, 살아 움직이는 것들을 먹고 산다. 그러므로 뱀이 흙을 먹고 산다는 것은 문자적으로 틀린 얘기라고들 한다. 흥미롭게도 유대 문헌 미드라쉬 라바[197]는 이 뱀이 받은 저주를 아주 서술적으로 쉽게 묘사해서 우리의 이해를 돕고 있다. "이는 뱀이 모든 종류의 흙을 먹는다는 얘기가 아니다. 오히려 뱀은 땅속 깊은 곳의 바위나 천연 흙이 있는 데까지 꿈틀거리며 기어 내려가 거기에서 영양소를 빼내어 먹는다." 이렇게 볼 때 '흙을 먹는다'는 것은 배로 꿈틀거리며 기어 다니는 모습을 비유적으로 묘사한 것이라 하겠다. 랍비 슬로토위츠[198]도 "그의 원수들은 티끌을 핥을 것이며"라는 시편 72편 9절을 인용하면서, 이는 뱀의 가장 천하고 부끄러운 상태를 상징적으로 묘사한 것이라고 설명한다.

결국 뱀에게 선포된 첫 번째와 두 번째 저주는 뱀의 가장 비천하고 저하된 신분과 신체적인 변모를 보여 준다.

3) 뱀의 후손과 여자의 후손 사이에 전쟁이 시작된다

창세기 3장 15절은 "내가 너로 여자와 원수가 되게 하고 네 후손도 여자의 후손과 원수가 되게 하리니 여자의 후손은 네 머리를 상하게 할 것이요 너는 그의 발꿈치를 상하게 할 것이니라"고 기록하고 있다. 증오(Enmity)는 히브리어로 '에바'(eba, איבה)인데, 이는 사람과 뱀 사이에 존재하는 본능적인 상호 혐오 감정을 의미한다.[199] 창세기 3장 15절의 해석과 관련해서 수많은 토론들이 계속되어 오고 있는데, 이는 '15장 첫 복음'에서 보다 깊이 다룰 것이다.

2. 여자에게(창 3:16)

아담을 먼저 심문하신 뒤 하나님은 하와에게 질문을 던지셨다. "네가 어찌하여 이렇게 하였느냐"(창 3:13). 하와는 "뱀이 나를 꾀므로 내가 먹었나이다"(창 3:13)라고 대답했다. 그녀는 뱀한테 속았다고 말하면서 뱀에게 책임을 전가하려고 노력했다. 그러나 하나님의 명령에 불순종한 것은 그녀 자신이므로, 자기의 죄 된 행실에 대한 책임을 스스로 져야 마땅하다.

창세기 3장 16절에 따르면, 여자에게 내려진 심판은 세 가지다.

1) 임신과 해산의 고통이 한층 심화된다

"내가 네게 임신하는 고통을 크게 더하리니 네가 수고하고 자식을 낳을 것이며"(창 3:16). 여기서 주목해야 할 것은, '크게 더하리니'의 히브리어 구문이 히필 부정법(Hiphil Infinitive)과 히필 미완료(Hiphil Imperfect)를 사용해서 매우 강조되어 있다는 점이다. 임신의 고통, 해산의 고통이 매우 크고 강해진다는 뜻이다. 랍비 이츠하크(Yitzchak)[200]는 하와가 받은 심판을 다음과 같이 열거하고 있다: 임신의 불편함, 출산의 고통, 낙태의 어려움, 아이를 키우는 데 따르는 근심, 남편을 향한 동경 등.

몇몇 학자들은 임신의 괴로움과 출산의 고통에 대해, 만일 하와가 죄를 짓지 않았더라면 그렇게까지 심하지는 않았을 것이라고 생각한다. 심지어 어떤 랍비들[201]은, 타락하기 전에는 부부관계가 끝나자마자 자녀들이 곧바로 출생했으며, 따라서 해산의 아픔과 수고는 물론이고 약 열 달이나 계속되는 임신 기간의 불편함조차도 없었을 것이라고까지 생각한다. 또한 월경은 죄의 결과이므로 여자들은 매달 되풀이되는 생리로부터 면제되었을 것이라고 한다. 이들과는 다른 관점에서 제이콥[202]은, 태초부터 여자는 축복과 함께 고통도 포함된 아이를 출산하는 목적을 가지고 창조되었는데, 그러한 목적으로 창조된 여자가 아무런 어려움과 아픔이 없이 출산하려는 생각은 지극히 나태한 환상이라고 말한다. 에덴동산에서조차 여자는 고통 속에서 아이를 낳아야 했으며, 이 고통이 타락 후에는 훨씬 더 커진 것이라고 그는 주장한다. 하나님이 인간을 창조하신 후 "생육하고 번성하여 땅에 충만하라, 땅을 정복하라"(창 1:28)고 축복하신 것들이 아담의 죄로 말미암아 극심한 고난과 시련으로 바뀌고 말았다.

2) 남편을 사모하고 동경한다

"너는 남편을 원하고"(창 3:16). 여기서 '원하다' 라는 말의 히브리어는 '테쉬카'(teshka, תְּשׁוּקָה)인데, 이는 매우 이해하기 복잡한 단어다. 학자들은 흔히 이 단어의 가장 문자적인 해석은 '충동, 욕구 혹은 동경' 이라고 말한다. 어떤 종류의 욕구 혹은 동경을 의미하는지에 대해서는 대강 성적인 욕망과 남편에게 의존된 삶의 두가지로 압축된다. 성적인 욕망과 관련해서 유대인 주석가 라시[203]는, 부부 간에 성관계를 할 때 여자는 자기가 먼저 시작하는 것을 부끄러워하고 남편이 시작하기를 원한다고 말한다. 달리 말하면 여자의 성적인 만족은 남편에게 달려 있으며, 따라서 여자들은 항상 남편의 눈에 잘 보이려고 애쓴다는 의미다. 남편에게 의존된 삶과 관련해서는, 여자의 생존이 남편에게 의존되어 있는 삶의 지위를 말한다. 여자는 독립적으로 살지 못하며, 그녀의 생존 자체와 잘 살고 못사는 것 등이 모두 남편에게 달려 있다.

3) 남편의 지배를 받는다

"남편은 너를 다스릴 것이니라"(창 3:16). 남편은 여자의 주인이 되며, 가정에서 머리, 즉 가장이 된다. 거꾸로 말하면, 여자가 뱀에게 속지 않고 죄를 짓지 않았더라면 남자의 지배를 받는 게 아니라 그와 동등한 위치에 있을 수 있었다는 것이다. 그러나 델리치와 같은 학자들은 죄를 짓기 전 에덴동산에서조차도 그들은 평등하지 않았다고 말한다. 델리치[204]는 여자가 남자의 밑에 있는 것이 처음부터 의도된 일이었다고 말한다. 타락 후 여자는 남자의 아래에 있던 위치(subordination)에서 더 내려가 남자에게 종속되게 (subjection) 되었으며, 따라서 여자는 남자가 시키는 대로, 또 원하는 대로 행해야만 한다고 말한다. 칼뱅[205] 역시도 "여자는 타락 전에도 남자에게 속해 있었으나, 그것은 자유롭고 부드러운 속함이었다. 그러나 죄를 지은 후 여자는 노예처럼 되어 버렸다"면서 같은 견해를 보여 주고 있다. 사실 여자의 노예처럼 종속된 모습은 고대 사회에서는 흔히 볼 수 있는 일이었으며, 어떤 곳에서는 지금까지도 그런 상태가 계속되고 있다.

복음적이고 전통적인 이런 해석과는 달리, 몇몇 학자들은 하와가 받은 심판들을 다른 각도에서 해석하려고 한다. 웨스터만[206]에 의하면, 비록 신체적으로 조건 지어진 불변의 요소(constant), 말하자면 여자이기 때문에 감당해야만 하는 것들이 있기는 하지만, 어떤 심판도 영원히 유효한 법(eternally valid norm)은 아니라고 말한다. 먼저, 임신과 해산의 어려움과 고통은 의학의 발전으로 상당히 완화되었으므로, 비록 임신과 출산의 전 과정(신체적으로 조건 지어진 요소들)은 여전히 여자의 삶에 속하지만 오늘날 그 심판은 더이상 유효하지 않다. 여자에 대한 남자의 지배도 마찬가지다. 비록 여자와 남자 간의 신체적인 차이점들이 항상 사회적인 영향을 끼치기는 하지만, 역시 변화될 수 있는 사회적인 현상이다. 여자의 위치는 지금까지 발전되어 온 모든 사회적인 변화에 비추어서 신중하게 고려되어야 할 것이다. 한 예로, 남자와 여자 사이의 평등한 권리는 진보를 거듭해 왔다. 오늘날 여자가 남자에게 노예처럼 속해 있다고 말할 사람은 아무도 없다. 그러므로 하와가 받은 심판은 영원히 유효한 법이라기보다는, 심판이 내려진 당대의 여자들에게 적용되는 심판이라고 주장한다.

특별히 여자에 대한 남자의 지배와 관련해서 지금까지 수많은 토론들이 있어 왔다. 여성 신학자 트리블[207]은, 하나님의 창조 질서에서 남자와 여자의 관계는 지배와 종속의 관계가 아니라 하나의 상호 존중이었다고 강력하게 주장한다. 창세기 2장이 우리에게 전달하는 메시지는 처음, 즉 타락하기 전에는 남자와 여자가 서로 동등한 위치에 있었음이 분명하다고 그녀는 강조한다. 이 평등한 관계는 죄가 애초에 남자가 아니라 여자를 통해서 세상에 들어오게 되는 사건으로 말미암아 깨어지고 말았다. 그래서 남자가 여자 위에 군림하는 일이 시작되었다. 그러나 이 깨어진 평등 관계는 바울이 갈라디아서 3장 28절에서 "남자나 여자나 다 그리스도 예수 안에서 하나이니라"고 증언한 대로, 예수 그리스도를 통해서 완전히 회복되었다.

사실 우리가 바울 서신을 읽을 때 어떤 부분들, 예를 들면, 고린도전서 11장 3절과 디모데전서 2장 12-15절과 같은 부분들은 바울이 마치 여자가 남자보다 열등하다고 생각하는 것처럼 보여주는 경향이 있다. 그러나 모든 추론과 변론을 거친 뒤 그는 마침내 이 일을 다음과 같이 매듭짓는다. "그러나 주 안에는 남자 없이 여자만 있지 않고 여자 없이 남자만 있지 아니하니라 이는 여자가 남자에게서 난 것같이 남자도 여자로 말미암아 났음이라 그리고 모든 것은 하나님에게서 났느니라"(고전 11:11-12). 바울은 예수 그리스도를 크게 강조한다. 예수 그리스도가 이 세상에 오셔서 우리의 죄를 대신해서 십자가에 달려 죽으셨을 때 남자의 여자에 대한 지배도 폐지되었으며, 따라서 남녀 간의 깨어진 관계는 온전히 회복되었다. 그러므로 예수 그리스도 안에서 이제 남자와 여자는 하나이며 평등하게 되었다.

3. 아담에게

여호와 하나님은 선악과를 먹은 후 숨어 있는 아담을 부른 다음 질문하셨다. "내가 네게 먹지 말라 명한 그 나무 열매를 네가 먹었느냐"(창 3:11). 창세기 3장 17절에 나오는 아담은 인종으로서의 이름이 아니라, 고유명사인 개인적인 이름 아담이다. 개인적인 이름 아담(고유명사)은 창세기 2장 20절, 3장 21절, 4장 1절과 25절,

5장 4-5절 등에도 나온다.

"하나님이 주셔서 나와 함께 있게 하신 여자 그가 그 나무 열매를 내게 주므로 내가 먹었나이다"(창 3:12). 하와가 뱀에게 책임을 전가한 것과 같이 아담도 그 책임을 그의 아내 하와에게로 돌리고 있다. 더욱이 아담은, 궁극적으로는 하나님에게도 책임이 있다는 것을 암시하고 있다. 그는 아내인 하와 때문에 선악과를 먹었는데, 하와는 "하나님이 주셔서 나와 함께 있게 하신 여자"(창 3:12)라고 말한다. 하나님이 하와를 그에게 주시지 않았더라면 그 스스로는 죄를 범하지 않았을 것이라는 말이다. 매우 교활하고 무책임하게도 아담과 하와는 죄의 책임을 추궁당하자 하와는 뱀에게, 아담은 그의 아내에게, 심지어 간접적으로는 하나님에게까지 책임을 돌리고 있다. 그들은 자신들의 죄를 인정하려 하지 않고 자신들을 정당화시키기 위해 변호를 시도했다. 그러나 엄연한 진리는, 아담과 하와는 모두 뱀의 유혹에 '예' 혹은 '아니오'라고 대답할 수 있는 능력을 가지고 있었다는 사실이다. 그럼에도 불구하고 죽음에 이르는 그들 자신의 악한 욕망에 따라 행동함으로써 아담과 하와는 모두 죄인이 되고 말았다.

흥미롭게도 바울은 디모데전서 2장 14절에서 아담과 하와의 죄를 비교한다. "아담이 속은 것이 아니고 여자가 속아 죄에 빠졌음이라." 이 구절에 의하면, 하와는 속아 넘어가서 죄를 지었으므로 그녀의 죄는 수동적인 반면, 아담의 죄는 자기 아내의 유혹을 스스로 택함으로써 그 성격상 고의적이고 능동적이다. 그렇다면 아담은 죄의 책임이 하와보다 더 큰 것처럼 보인다. 하나님의 금지 명령을 직접 들었음에도 하나님의 절대적인 명령을 따르지 않고 죄를 범하는 일에 아내와 함께함으로써 타락하고 말았다. 우리는 아담의 타락으로부터 죄는 다른 사람들과 함께하는 사회적인 연관관계(a correlation between social partnership and sin)가 있음을 볼 수 있다. 사실 그는 하나님의 엄한 명령을 상기하면서 아내의 유혹을 거절했어야 마땅하다. 그런데 넘어가고 말았다. 혹은 그의 아내를 너무 사랑한 나머지 그녀의 유혹에 굴복했는지도 모른다.

남자가 여자의 유혹을 물리치는 일이 쉽지는 않은 것 같다. 몇 가지 예를 들면, 삼손은 그의 이방 아내 들릴라의 꼬임에 넘어갔고(삿 16장), 애굽의 친위대장 보디발은 그의 부정한 아내에게 속아서 결백한 요셉을 감옥에 가두었으며(창 39장), 솔로몬 왕은 이방 아내들의 영향으로 이방 신들을 섬기게 되었다. 아담 역시 그의 아내의 유혹을 들은 결과 하나님의 명령에 불순종하게 되었다.

여기서 우리는 그리스의 철인 아리스토텔레스(Aristotle)의 말에 귀를 기울일 필요가 있다. 아리스토텔레스는 그의 《윤리학》제1권에서 "진리를 변호하는 것은 친구나 친척에게 헌신하는 것보다 훨씬 낫다"고 했다. Note 55에서는 구체적인 예로서, "플라톤(Plato)은 내게 귀하지만 진리는 더욱 귀하다"고 했다. 하와가 아담에게 아주 귀한 존재이기는 하지만, 그는 여호와 하나님의 명령이 훨씬 더 중요함을 기억했어야 했다. 뿐만 아니라, 지상 명령이라는 진리를 기억했어야 했다.

아담에게 내려진 하나님의 심판은 창세기 3장 17-19절까지 기록되어 있다.

1) 땅이 저주를 받는다

창세기 3장 17절은 "땅은 너로 말미암아 저주를 받고"라고 하면서, 그 결과 "땅이 네게 가시덤불과 엉겅퀴를 낼 것이라"(창 3:18)고 말씀한다. 아담의 타락은 그 자신은 말할 것도 없고, 그와 하나님 사이의 관계와 심지어는 자연의 질서에까지도 지대한 영향을 끼친다. 바울의 표현에 의하면, 인간의 죄 때문에 "피조물이 다 이제까지 함께 탄식하며 함께 고통을 겪고" 있다(롬 8:20-22). 땅이 저주를 받음으로 말미암아 비생산적이 되어서 좋은 것들을 생산하지 못하고 가시덤불과 엉겅퀴처럼 저주받은 것들을 산출한다. 마틴 루터[208]는 이 모든 것들이 죄 때문에 일어났다고 말한다. 창세기 1장 11절은 하나님이 얼마나 땅을 축복하셨는지를 우리에게 잘 보여 주고 있다. "땅은 풀과 씨 맺는 채소와 각기 종류대로 씨 가진 열매 맺는 나무를 내라"고 하시니 그대로 되었다. 유대 문헌들[209]은, "아담이 타락하지 않았더라면 땅은 열매 맺지 못하는 나무들이나 인간에게 해롭고 소용이 없는 모기나 벼룩 등을 내지 않았을 것이다. 아담과 하와가 죄를 범하지 않았더라면 모든 좋은 것들이 씨를 뿌리지 않고 가꾸지 않았어도 저절로 생산되었을 것"이라고 말하면서 분개한다.

2) 힘든 노동이 주어진다

창세기 2장 15절에 따르면 타락 전에도 아담에게 노동이 주어졌다. 하나님은 아담을 에덴동산에 두신 후 동산을 경작하며 지키라고 하셨다. 그러나 그것은 가볍고 즐거운 일이었다. 타락 후에는 평생에 수고해야 그 소산을 먹을 수 있게 된다(창 3:17). 또 창세기 3장 19절은 얼굴에 땀이 흘러야 땅으로 돌아갈 때까지 먹고살 수 있을 것이라고 말씀한다. 아주 어렵고 힘든 노동이 아담과 하와에게 주어진 것이다. 그들은 생존하기 위해서 아주 힘들게 일해야만 하는 것이다. 궁켈[210]은 인간이 아담의 죄 때문에 이렇게 힘든 삶을 살게 된 것을 비극적으로 생각한다. 하지만 궁켈과는 달리 웨스터만[211]은, 모든 분야의 일들이 피할 수 없는 가시와 엉겅퀴를 뿜어내기 때문에 인간의 일은 언제나 끊임없는 수고와 노력이 요구된다고 반박한다. 모든 분야의 크고 가치 있는 업적들은 땀을 요구한다고 그는 강조한다.

3) 인간은 죽는다

창세기 3장 19절은, "너는 흙이니 흙으로 돌아갈 것이니라"고 말씀한다. 육신적으로 죽는다는 말이다. 어떤 학자들은 이 구절을, 인간은 애초에 흙으로 지어졌기 때문에 죄와는 별개로 어차피 죽을 수밖에 없다고 해석한다. 그러나 이 구절이 의미하는 것은 타락한 인간의 죽음이다. 아담이 죄를 짓지 않았더라면 그는 흙으로 돌아가지 않았을 것이다. 유대 문헌 탈무드[212]는, 죄가 없이는 죽음도 없고 고통도 없다고 말한다. 사도 바울도 로마서 6장 23절에서 "죄의 삯은 사망"이라고 선언하고 있다. 칼뱅[213]은, 아담이 죄를 짓지 않았더라면 이 세상에서의 잠정적인 삶을 마친 후에는 죽음과 아픔을 맛보지 않고 하늘나라로 올라갔을 것이라고 말한다. 아담이 타락하지만 않았어도 그의 몸에는 아무 부족한 문제점들이 없기 때문에 죽음으로부터 완전히 자유로울 수 있었을 것이라고 설명한다.

여기서 우리가 기억해야 할 것은, 하나님은 그들의 죄에 대해 심판하시는 중에도 여전히 아담과 하와에게 자비를 베푸셨다는 것이다. 인간은 죄를 지을 수도 있지만 회개하고 돌아올 수도 있기에, 하나님은 그들을 완전히 버리지 않으셨다. 하나님은 엄한 심판을 받은 죄인들, 곧 아담과 하와에게 찾아와 회개하고 돌아올 기회를 주셨다. 창세기 3장 21절은 심판이 있은 후 곧이어 하나님의 구속 계획이 펼쳐지기 시작했음을 우리에게 말해 주고 있다. 이에 대해서는 3부에서 보다 깊이 다룰 것이다. 더욱 놀라운 것은, 하나님은 그의 구속 사업에서 아담과 하와의 죄를 구속사의 도구로(as the means of salvation) 사용하셨다는 점이다. 다시 말해서, 아담의 타락은 하나님의 구속 사업과 연결되어 있다. 이런 점에서 볼 때, 하나님의 심판은 프레타임[214]이 묘사한 대로 파괴적(destructive)이라기보다는 오히려 건설적(constructive)이라고 하겠다.

13장

사랑의 하나님과 심판의 하나님

구약성경에 나오는 하나님의 히브리어 이름은 다양하다. 예를 들어, 시편 91편 1-2절이나 77편 7-14절에 보면 하나님의 이름이 네 가지나 나온다: 가장 높으신 분(Most High, עליון), 전능하신 분(Almighty, שׁדי), 여호와(Lord, יהוה), 하나님(God, אלהים). 한 분이신 하나님이 왜 이렇게 많은 이름을 가지신 것일까? 그 이유는 하나님이 사랑, 자비, 정의, 공의, 전지, 전능, 전재 등 실로 가지각색의 속성들(attributes)을 지니고 계시기 때문이다. 이렇게 다양한 하나님의 이름 중에서 가장 빈번하게 불릴 뿐만 아니라 가장 중요하고 우리의 주제와도 직접적으로 연관되는 두 가지 이름, 곧 엘로힘과 야훼를 생각해 보려고 한다.

첫째, 하나님의 가장 중요한 이름 중의 하나는 엘로힘(Elohim, אלהים)이다. 한글로는 하나님(God)으로 번역한다. 엘로힘의 의미는 '한 분뿐인', '전능한 힘을 가지신', '높이 계신 분' 등이다. 이것은 성경에 가장 먼저 등장하는 이름으로서 창세기 1장 1절부터 계속해서 나온다. 엘로힘이라는 하나님의 이름은 복수형이다. 한 분뿐이신 하나님의 이름이 왜 복수형으로 되었는지에 대해 여러 가지 견해들이 제기되어 왔다. 가장 영향력 있는 정통주의 신학자들인 루터와 칼뱅의 의견을 간단히 소개하면, 루터[215]는 복수형인 하나님의 이름이 삼위일체 하나님(the God of Trinity)을 가리킨다고 말한다. 그리고 칼뱅[216]은 복수형이 하나님의 위엄과 장엄함을 상징하는 것으로 이해한다. 우리가 특히 주목할 것은, 복수형인 엘로힘이라는 이름에 항상 단수형의 동사가 따른다는 사실이다. 비록 이름은 복수형일지라도 하나님은 오직 한 분이기 때문이다.[217]

둘째, 하나님의 또 다른 중요한 이름은 야훼(Yahweh, יהוה)다. 한글로는 여호와 혹은 주님이라고 부르며, 영어로는 Lord라고 부른다. 이 이름은 테트라그라마톤(Tetragrammaton)이라 불리는 네 개의 거룩한 자음 YHWH로 구성되었다. 야훼라는 이름은 독일의 학자들에 의해 처음으로 소개되었는데, 독일어의 발음에 따라 Jahweh라고 표기하기도 한다. 그런데 KJV는 야훼를 주로 Lord로 번역하면서도 출애굽기 6장 3절에서는 Jehovah라고 해서 유대인들의 강한 반발을 일으켰다. 더 나아가 몇몇 정통 유대인들은 야훼를 'Lord'라고 부르는 것조차 틀렸다고 비난하기도 한다.[218]

사실 보수적인 유대인들은 이 이름을 지극히 경외한 나머지, 손으로 쓰기는 하지만 입으로 발음하지는 않는다. 유대 전통이 네 글자(YHWH)로 된 하나님의 이름 부르는 것을 금하기 때문이다.

잘 알려진 대로, 성전 시대에는 오직 1년에 한 번, 속죄일에 대제사장이 지성소에 들어가 한 번 발음했을 뿐이다. 이는 십계명의 셋째 계명인 "여호와의 이름을 망령되게 부르지 말라"(출 20:7)는 하나님의 명령으로부터 온다. 아주 엄격한 정통 유대인들은 야훼의 이름을 쓸 때 말하지도 않을 뿐 아니라, 한 자라도 빠뜨릴까 봐 단번에 쓰려고 노력한다.[219] 야훼라는 이름을 불러야 할 필요가 있을 때는 '아도나이'(Adonay, אֲדֹנָי)라고 발음한다. 아도나이의 뜻은 '주 하나님'(Lord God)이다. 또 다른 정통 유대인들은 아도나이보다는 '그 이름'(The Name)이라고 부르는 것을 좋아한다. '그 이름'은 히브리어로 '하셈'(Ha Shem, הַשֵּׁם)이다.[220]

야훼는 두 가지 의미를 지니고 있다. 첫째는 출애굽기 3장 14절의 "나는 스스로 있는 자이니라"에 근거해서 '스스로 존재하며 행동하는 자'라는 뜻이고, 둘째는 출애굽기 6장 6절의 "나는 여호와라 내가 애굽 사람의 무거운 짐 밑에서 너희를 빼내며 그들의 노역에서 너희를 건지며 편 팔과 여러 큰 심판들로써 너희를 속량하여"에 근거해서 '이스라엘의 구속자'라는 뜻이다. 야훼라는 이름은 창세기 2장 4절부터 계속 나오지만, 구속자로서의 의미는 출애굽기 6장 3절부터 분명히 알려진다. 아브라함, 이삭, 야곱과 같은 족장들조차도 그 이름을 이미 알고는 있었으나 하나님이 그들에게 알려 주지는 않으셨기에, 야훼라는 이름을 애굽에서 이스라엘을 구해 낼 구속자로는 알지 못했다.

결국 본질적으로 야훼는 구속의 하나님이며 엘로힘은 창조의 하나님이라 할 수 있고, 기능적으로 볼 때 야훼는 선민 이스라엘과 관계하는 계약의 하나님(God of Covenant)인 반면, 엘로힘은 전 세계 민족과 함께하시는 보편적인 하나님(universal God)이라 할 수 있다. 엄밀히 말하면 야훼가 엘로힘보다 더 진정으로 가까운 분인 것 같다.

그런데 성경을 자세히 보면 창세기 1장 1절부터 2장 3절까지 엘로힘 외의 다른 이름들은 나오지 않는다. 아담을 포함해서 우주 창조가 모두 완성된 창세기 2장 4절부터 야훼라는 이름이 엘로힘과 더불어 '야훼 엘로힘' (여호와 하나님)이라는 형태로 나오기 시작한다. 그럼 왜 하나님의 두 이름인 '야훼 엘로힘' 이 2장 4절부터 함께 나오는 것일까? 유대인들은 그 이유를 인간 역사를 다스리기 위한 하나님의 섭리의 차원에서 이해한다. 유대 문헌 미드라쉬 라바[221]에 따르면, 하나님이 인간 역사를 다스리기 위해서는 두 이름이 필요하다고 한다. 엘로힘은 심판의 하나님을 묘사하는 반면, 야훼는 자비의 속성을 가진 분을 가리킨다. 인간 역사를 통제하려면 하나님은 그의 공의의 법칙에 기초해서 두 가지 속성인 자비와 심판이 필요하다. 자비든 심판이든 한 가지 속성만으로는 인간을 다루는 데 충분하지 않다. 만일 하나님이 항상 자비로워서 어떤 죄라도 그대로 놓아두신다면 인간은 극도로 악해질 것이다. 반면 하나님이 절대적으로 엄격하게 심판하려 하신다면 이 세상에는 살아남을 자가 아무도 없을 것이다. 미드라쉬 라바의 글을 그대로 옮기면, "내가 만일 이 세상을 자비에만 근거해서 창조했더라면 그 죄가 창대할 것이고, 심판에만 근거해서 창조했더라면 세상은 존재할 수 없을 것이다. 그래서 나는 심판과 자비에 기초해서 세상을 창조했고, 그러므로 계속 지탱해 나갈 것이다." [222) 유대인 해석의 관점에서 볼 때, 하나님의 두 가지 중요한 이름이 사람을 포함해서 모든 창조 활동이 완성된 후 인간 역사가 막 시작되는 시점인 창세기 2장 4절에 함께 나타나기 시작하는 것은 의미가 있다고 하겠다.

그러나 하나님의 두 이름에 대한 유대인들의 해석과 관련해서 과연 그들의 설명이 성경과 맞아떨어지는지에 대해 의문이 생긴다. 달리 말하면, 성경은 그들의 주장을 밑받침해 주고 있는가? 유대인들의 해석대로 성경에서 엘로힘은 심판을, 야훼는 자비를 대표하고 있는가? 그 반대로 엘로힘은 자비를, 야훼는 심판을 나타내지는 않는가? 그들의 주장을 확인하기 위해, 창세기 초반부에 나오는 하나님의 대표적인 심판들을 자세히 살펴보면서 성경적인 증거들을 찾아보는 것이 좋을 것 같다.

첫째, 하나님의 공의에 기초해서 내려진 첫 번째 심판이 창세기 3장 14절에 나온다. 뱀에 대한 저주다. 이때 사용된 하나님의 이름은 야훼 엘로힘이다. 둘째, 창세기 6장 5절부터 8장 19절까지는 하나님이 물로 세상을 심판하신 노아의 홍수에 대해 언급하고 있다. 홍수가 끝날 때까지 행해진 심판에서 엘로힘은 열 번, 야훼는 일곱 번 사용된다. 셋째, 인간의 교만을 상징하는 바벨탑에 대한 심판이 창세기 11장 1-9절까지 나온다. 여기서 야훼는 다섯 번 사용되었는데 엘로힘은 단 한 번도 나오지 않는다. 넷째, 소돔과 고모라에 대한 심판이 창세기 18장 16절부터 19장 29절까지 나오는데, 심판의 하나님인 엘로힘은 전혀 나타나지 않고 자비의 하나님인 야훼가 열두 번이나 사용된다.

성경에서 하나님의 이름이 실제로 사용된 경우들을 살펴보면 엘로힘과 야훼 모두 하나님의 심판과 연관이 있음을 알 수 있다. 그러므로 엘로힘은 심판을 상징하고 야훼는 자비를 대표한다고 말하는 것은 맞지 않는 것 같다. 그러나 분명한 것은, 하나님은 그 이름의 해석과는 관계없이 긍휼의 하나님이신 동시에 심판의 하나님이라는 사실이다. 두 가지 모두 신적인 속성 안에서 조화를 이루고 있다.

그런데 하나님의 공의에 기초한 보상과 징계의 원칙들이 인간 역사 속에서 잘 지켜져 왔는지는 의심스러운 것 같다. 이 질문과 관련해서 하박국, 욥기 그리고 시편의 기자들은 하나님에게 호소하고 있다. '하나님! 하나님은 자비와 공의의 하나님인데 어찌 이 땅에서 의인이 고난을 당합니까?' 또 '왜 하나님은 악인을 정죄하지 않고 그들이 계속 번성하는 것을 허락하십니까?' 이러한 호소에 대해 성 어거스틴[223]은 그의 저서 《하나님의 도성》에서 아주 재미있는 대답을 제시한다. "만일 하나님이 인간들이 잘못할 때마다 그 즉시 다 처벌해 버리시면 최후의 심판 날에 하나님이 하실 일이 무엇이 있겠는가?" 어거스틴은 덧붙여서 말한다. "그렇다고 해서 이 세상에서 인간들의 죄를 전혀 처벌하지 않으신다면 사람들은 하나님의 섭리가 없다고 믿을 것이다." 유대 문헌 탈무드[224]에서도 비슷한 견해를 찾을 수 있다. "하나님은 이 세상에서 악인들에게 관대하시다. 그들이 다음에 올 세상에서 온전한 심판을 받게 하려고 그들이 행하는 지극히 작은 선한 일들을 이 세상에서 보상해 주신다." 불가지론자인 임마누엘 칸트(Immanuel Kant)[225]는 하나님의 존재를 '실천 이성'(practical reason)으로부터 제시한다. '순수 이성'(pure reason)의 개념에 근거해서는 하나님이 존재하는지 혹은 존재하지 않는지 판단하기가 불확실하다. 그러나 이 세상에서 악인들이 잘되고 의인들이 고통 받는 것을 보면 영혼의 불멸이 전제되어야 마땅하다. 하나님의 왕국에서는 선과 악의 도덕법에 근거해서 의인들이 보상을 받고 악인들이 심판을 받을 것이다. 그러므로 실천 이성의 개념에 기초해서 하나님의 존재는 필수 조건이라고 그는 말한다.

가장 좋은 대답은 예수 그리스도가 주신다. 가라지의 비유를 가지고 그는 마태복음 13장 24-30절에서 우리에게 아주 분명히 대답해 주신다. 한 농부가 좋은 씨들만을 골라서 밭에 뿌렸다. 그런데 모두들 잠들었을 때 그의 원수가 몰래 와서 곡식들 가운데

가라지를 심어 놓고 가 버렸다. 알곡이 싹이 나고 결실할 때 가라지도 함께 나타났다. 하루는 그의 종들이 가라지를 발견하고 주인에게 와서 물었다. "우리가 가서 이것을 뽑기를 원하시나이까"(마 13:28). 주인은 "가만 두라 가라지를 뽑다가 곡식까지 뽑을까 염려하노라 둘 다 추수 때까지 함께 자라게 두라"(마 13:29-30)고 대답한다. 추수 때가 되면 가라지는 거두어서 불사르게 단으로 묶고, 곡식은 모아 주인의 곳간으로 들일 것이다.

성경은 처음부터 끝까지 자비와 심판의 하나님을 분명히 선포하고 있다. 사랑과 공의는 하나님의 이름이 그중 어떤 특성을 대표하든 간에 하나님의 속성 안에 완전히 융합되어 있다. 하나님은 그의 공의에 기초해서 의인에게는 상을, 악한 자에게는 벌을 주신다. 예레미야 51장 56절은 "여호와는 보복의 하나님이시니 반드시 보응하시리로다"라고 말씀한다. 이사야 30장 18절은 "여호와는 정의의 하나님이심이라 그를 기다리는 자마다 복이 있도다"라고 말씀한다. 더 나아가 사도행전 17장 31절에 따르면, 하나님은 공의로 세상을 심판하실 날을 이미 정해 놓으셨으며, 예수 그리스도를 죽은 자 가운데서 다시 살리신 것으로 모든 사람들에게 믿을 만한 증거를 주셨다고 분명히 밝히고 있다.

하나님이 공의에 기초해서 세상을 심판하실 것은 분명하다. 지금 우리가 모르는 것은 언제 그날이 오는지에 대한 시간의 문제일 뿐이다.

3부
구속사

14장

하나님의 첫 구속사적 부르심: "네가 어디 있느냐"

하나님에게 죄를 지은 후 두려움에 떨고 있던 아담과 하와는 하나님이 에덴동산을 거니시는 소리를 들었다. 그들은 동산에 있는 나무들 사이로 하나님의 낯을 피해 숨었다(창 3:8). 하나님의 명령에 불순종한 그들은 감히 하나님 앞에 설 수가 없어 하나님을 피해 도망했다. 칼뱅과 본회퍼[226]와 같은 학자들은, 죄를 지은 후 하나님의 낯을 피해 도망하는 모습으로부터 양심의 가책을 느끼는 첫 번째 예를 볼 수 있다고 한다. 본회퍼는, 타락 전에는 양심의 개념이 없었다고 말한다. 이들과는 달리 웨스터만[227]과 같은 구약 신학자들은, 구약성경에는 양심이라는 말이 전혀 나오지 않고 신약성경에만 드문드문 나타나므로, 엄밀히 말하면 양심은 성경적인 개념이 아니라고 반박한다. 그러나 비록 '양심'이라는 단어 자체는 성경에 없지만, 불순종한 부부가 하나님의 낯을 피해 도망하는 것은 양심에 찔려서 나온 행동이었음이 분명하다.

그들이 동산 나무 사이에 숨어 있을 때 여호와 하나님이 아담을 부르셨다. "네가 어디 있느냐"(창 3:9). 하나님의 부르심에 아담은 "내가 동산에서 하나님의 소리를 듣고 내가 벗었으므로 두려워하여 숨었나이다"(창 3:10)라고 대답했다. 그가 하나님을 피해 숨은 이유는 하나님이 두려워서다. 두려움이라는 단어의 히브리어는 '야레'(yahre, ירא)인데, 이 구절에서는 미래형이 사용되었다. '야레'라는 동사는 두 가지 중요한 의미를 가진다. 첫 번째는, 하나님에게 진정한 예배를 드리는 것과 관계된다. 숭배하다, 경외하다, 신뢰하다, 두려워하다 등의 의미를 가진다. 잠언 1장 7절은 "여호와를 경외하는 것이 지식의 근본"이라고 가르치고 있는데, 이 구절에서 '경외하다'(fear)는 히브리어 '야레'의 명사형인 '이라'(yirah, יראה)다. 야레의 두 번째 중요한 의미는 공포, 혐오, 경악 등과 같이 인간이 실제로 느끼는 두려운 감정들이다. 아담은 창세기 3장 10절에서 실제로 두려움과 공포를 느꼈다. 그래서 그는 하나님의 소리를 듣고 깜짝 놀라서 도망했다.

아담을 향한 하나님의 부르심, "네가 어디 있느냐"는 아주 깊고 중요한 의미를 지닌다. 어떤 종류의 부르심일까? 부르심의 목적은 무엇일까? 이 부르심이 지닌 특별하고도 깊은 의미와 관련해서 몇 가지 자주 거론되는 해석들을 아래에 소개한다.

첫째, 흥미롭게도 궁켈[228]은 하나님이 진짜로 아담이 지금 어디 있는지 몰라서 찾는 소리라고 말한다. 창세기 3장 9절의 "네가 어디 있느냐"는 질문으로부터 이를 추측할 수 있다고 그는 주장한다. 궁켈이 말한 대로, 여호와 하나님은 정말 아담이 어디 있는지 몰라서 아담을 부르신 것일까? 아니다. 그는 전능한 하나님이시다. 만일 그가 아담이 있는 곳을 모르신다면, 우리가 믿는 하나님은 전능한 분이 아니시다. 시편 139편 7-10절은 하나님의 전능하심을 다음과 같이 찬양하고 있다. "내가 주의 영을 떠나 어디로 가며 주의 앞에서 어디로 피하리이까 내가 하늘에 올라갈지라도 거기 계시며 스올에 내 자리를 펼지라도 거기 계시니이다 내가 새벽 날개를 치며 바다 끝에 가서 거주할지라도 거기서도 주의 손이 나를 인도하시며 주의 오른손이 나를 붙드시리이다." 하나님은 분명히 우주 전체에 편재해 계시다. 예레미야 선지자는 그분의 편재하심을 예레미야 23장 24절에서 다음과 같이 증거하고 있다. "사람이 내게 보이지 아니하려고 누가 자신을 은밀한 곳에 숨길 수 있겠느냐 여호와가 말하노라 나는 천지에 충만하지 아니하냐." 솔로몬 왕이 하나님의 전을 건축한 후 드린 봉헌 기도에서 찬양했듯이, 하나님은 참으로 온 우주 공간을 꽉 채우는 분이시다. 하늘들의 하늘이라도 주를 용납하기 어렵다(대하 6:18).

둘째, 랍비 잘만(S. Zalman)[229]은 부르심을 보편화해서 부르심의 의미를 인간 모두에게로 확대한다. 그에 의하면, 이는 아담뿐 아니라 우리 모두를 향한 영원하신 분의 부르심이다. 하나님은 우리를 향해 끊임없이 "네가 어디 있느냐"라고 질문하신다. '세상에서 감당할 특별한 사명이 네게 주어졌고 이제 어느 정도 나이도 들었는데, 너는 지금까지 살아오면서 무엇을 했느냐?'

셋째, 하나님의 이 부르심은 냉소적인 혹은 비꼬는 질문이다. 어떤 의미에서는 위협적으로 심문하는 것과 같은 부르심이다. 유대인 학자 필로[230]는 하나님의 부르심을 이런 문맥에서 이해한다. '어떻게 그렇게 타락하고 말았느냐. 어제는 내 뜻 아래 있었는데 이제는 뱀의 지배 아래 있구나.'[231] '가장 완전하고 행복한 삶의 자리에서 고통과 죽음의 삶으로 떨어지고 말았구나. 어찌 그리 되었느냐. 너는 선악과를 먹기만 하면 하나님처럼 될 수 있다고 정말로 믿었느냐? 네가 불순종했으므로 너뿐 아니라 네 후손들까지도 모두 심판을 받을 것이다. 너는 고난 속에서 살다가 결국은 흙으로 돌아가 거기에 묻힐 것이다.'

넷째, 하나님의 부르심은 죄인을 설득하기 위한 질문이다. 유대 문헌 탈무드[232]는 "네가 어디 있느냐"를 '네 마음이 어디로 향했느냐'로 해석한다. 달리 말하면, '너는 어찌 그리 빨리 내게서 떠나갔느냐. 내가 먹지 말라고 명령한 금단의 과일을 왜 먹었느냐. 내 말 대신 뱀의 말을 들은 이유가 무엇이냐'는 것이다. 하나님은 깊고 진지한 대화를 통해 아담의 양심을 일깨워서 죄를 고백하고 회개하도록 인도하려고 아담을 부르신다.

다섯째, 잃어버린 자를 찾아 구원하려고 아담에게 다가오시는 구속자의 구속적인 부르심이다.[233] 이는 냉소적이고 위협하는 부르심이 아니라, 사랑과 용서와 구속이 담긴 하나님의 자비로운 음성이다. 숨어 있는 죄인을 찾으시는 우리 구세주의 인자한 부르심이다. 창세기 3장 9절을 보면, 하나님이 먼저 죄인에게로 찾아오셨다. 죄인은 숨고, 구세주 하나님은 숨은 자, 잃어버린 자를 찾아오셨다. 하나님은 잃어버린 자를 잃어버린 상태 그대로 두지 않으신다.

흥미롭게도 게이지(W. A. Gage)[234]와 같은 복음적인 신학자들은 이 부르심을 누가복음 19장 10절에 나오는 잃어버린 자를 찾아 구원하려고 이 땅에 오신 예수님의 사명에 비유한다. "나는 의인을 부르러 온 것이 아니요 죄인을 부르러 왔노라"(마 9:13)라는 말씀대로, 예수님은 곁길로 나간 죄 많은 자들을 위해 오셨고, 지금도 끊임없이 그런 자들을 찾고 계시다. 결국 죄인 아담을 찾아오시는 여호와 하나님의 이 감동적인 부르심은 예수 그리스도의 앞으로 다가올 일들을 표상(typology)을 통해 미리 예언한 것이다.[235]

앞에서 언급한 다섯 가지 해석들 중에서 성경, 특히 신약성경과 연결해서 전체적으로 조명해 볼 때 마지막 다섯 번째가 가장 의미 깊은 해석인 것 같다. 잃어버린 자를 찾으시는 아버지 하나님의 사랑은 아무리 강조해도 부족하다 하겠다. 여기서 중요한 것은, 시작은 항상 하나님 편에서 먼저 하신다는 사실이다. 범죄한 아담이 먼저 하나님을 찾은 것이 아니라, 하나님 편에서 먼저 아담을 찾아오고 부르셨다. 요한일서 4장 10절과 19절은 우리가 하나님을 먼저 사랑한 것이 아니라, 하나님이 먼저 우리를 사랑하셨다고 강조한다. 요한계시록 3장 20절에서 사도 요한은 이러한 하나님의 사랑을 다음과 같이 말하고 있다. "내가 문밖에 서서 두드리노니 누구든지 내 음성을 듣고 문을 열면 내가 그에게로 들어가 그와 더불어 먹고 그는 나와 더불어 먹으리라." 사랑의 하나님은 문밖에 서서 아담과 하와가 그의 음성을 듣고 마음 문을 열도록 문을 두드리신다.

신약 분야의 구속사 대가인 오스카 쿨만[236]은 구속사의 연속성(continuity)과 우연성(contingency)을 말한다. 연속성은 하나님이 원래 계획하신 일인 반면, 우연성은 인간의 죄, 재난 등 예기치 않던 일들로부터 갑자기 생겨나는 것들이다. 우연성과 연속성 모두 구속사의 형성에 필연적으로 포함된다. 쿨만은 그 전형적인 예를 로마서 3장 2절과 9-11장까지 기록된 내용으로부터 끌어낸다. 하나님의 말씀을 위임받은 백성인 유대인들의 불신앙은 결국 이방인들의 구원으로 인도되었다. 구속사적인 차원에서 볼 때 인간의 죄(우연성)는 결국 하나님의 선(연속성)으로 유도된다. 같은 맥락에서 성 어거스틴[237]도 시편 111편 2절, "여호와께서 행하시는 일들이 크시오니 이를 즐거워하는 자들이 다 기리는도다"를 인용하면서 그의 유명한 저서 《하나님의 도성》에서 하나님의 선하신 계획을 강조한다. 인간과 천사의 죄는 하나님의 원래 계획하신 구원의 역사를 방해할 수 없다. 왜냐하면 하나님은 선한 것들은 물론 악한 것들까지도 선하게 사용하실 수 있기 때문이다.

다른 한편, 해리슨(R. Harrison)[238]과 같은 몇몇 자유주의 신학자들은, '구속'(salvation)이라는 용어는 엄격히 말해서 구약성경에서는 적용될 수 없고 오로지 신약성경에서만 사용될 수 있다고 주장한다. 그러면서 구약성경에는 구속 혹은 구원이라는 말이 나오지 않기 때문이라고 그 이유를 설명한다. 한 걸음 더 나아가, 그들은 예수님이 사마리아 여인에게 하신 "구원이 유대인에게서 남이라"(요 4:22)는 말씀을 구체적인 예로 들면서, 예수님의 구속 사업은 신약에서 그 절정에 달했다고 덧붙인다.

그러나 성경은 아담을 창조하기 훨씬 전, 심지어는 이 세상을 창조하기도 전에 인간을 구원하시려는 하나님의 계획이 이미 시작되었다고 우리에게 가르쳐 주고 있다. 영원 전부터 모든 것을 다 아시는 하나님은 아담이 타락할 것도 아셨다. 그의 구원 계획에서 전지전능하신 하나님은 아담의 타락으로 인한 모든 부정적인 것들을 예수 그리스도의 십자가를 통해 승리하는 긍정적인 것으로 바꿔 놓으셨다. 사도 베드로가 베드로전서 1장 20절에서 확인한 대로, 하나님의 예정하신 섭리는 아무것도 막을 수 없다. 잃어버린 죄인들을 구원하시려는 하나님의 뜻은 태초부터 계획되었으며, 이 세상을 창조하기도 전에 예수님을 우리의 구세주로 정해 놓으셨다. 바울도 에베소서 1장 4절에서, "곧 창세전에 그리스도 안에서 우리를 택하사 우리로 사랑 안에서 그 앞에 거룩하고 흠이 없게 하시려고"라고 증거하고 있다. 이 놀라운 구속의 은혜는 바울이 로마서 11장 33-36절에서 찬양한 대로, 영원히 헤아리기 어려운 하나님의 신비다.

결론적으로 말하면, 독일의 구약 신학자 헹스텐버그[239]가 바르게 언급한 대로, 타락은 구속과 연관 지어 생각해야 한다. 비록 사탄은 아담의 타락을 통해 그의 나라와 힘을 확장할 수 있을 것으로 믿었지만, 하나님은 타락을 전혀 다른 관점에서 보고 바로 아담의 타락으로부터 그의 구속 사업을 시작하셨다. 그래서 대표적인 구속사 학자들은 인간 역사에서 아담의 타락이 바로 하나님의 구속 사업의 출발점을 이룬다고 강조한다. 더욱 흥미로운 것은, 쉐퍼[240]는 만일 아담과 하와가 타락하지 않았더라면 하나님의 구속 사업은 필요하지 않으며, 따라서 구속사도 존재하지 않았을 것이라고 말한다. 이런 점에서 볼 때 죄를 짓고 숨어 있는 아담을 부르시는 음성, "네가 어디 있느냐"라는 구속자의 자비로운 부르심은 바로 구속사의 첫 출발점이라고 하겠다.[241]

15장

첫 복음

초기 기독교의 변증론(Apologetics) 학자들인 순교자 저스틴 (Justin Martyr)과 성 이레니우스 이래로 창세기 3장 15절은 첫 번 메시아 예언 혹은 첫 복음(The Protevangelium, the First Gospel)으로 인정되어 왔다. 창세기 3장 15절은 말씀한다. "내가 너로 여자와 원수가 되게 하고 네 후손도 여자의 후손과 원수가 되게 하리니 여자의 후손은 네 머리를 상하게 할 것이요 너는 그의 발꿈치를 상하게 할 것이니라." 이 구절은 여자의 후손이 뱀의 머리를 상하게 할 것이라는 예언이 담긴 첫 약속을 기록하고 있다. 이는 예수 그리스도의 고난과 곧이어 따라올 영광을 언급하는 구속사의 첫 예언이다. 하나님은 독생자 예수 그리스도를 세상에 보내신다. 그는 세상 죄를 사하려고 십자가에서 피를 흘리고 죽을 것이다. 그러나 무덤에서 일어나 사탄의 권세를 물리치고 인류를 구원한다. 그래서 NASB는 매우 의미 있는 해석을 이 구절의 각주에서 쓰고 있다. "이 구절은 종종 '메시아가 에덴동산에서 행한 설교'라고 일컬어진다. 유혹자의 권세로부터 인류를 구원할 분을 소개하고 있기 때문이다."

여기서 주목할 것은, '너와 여자 사이' 그리고 '너의 후손과 여자의 후손 사이'의 원수 관계다. 뱀의 후손과 남자의 씨 사이의 원수 관계가 아니다. 구약성경의 남자 중심적인 경향과 달리 여자의 위치가 부각되어 있다. 그렇다면 여기서 말하는 여자는 누구인가? 몇몇 사람들은 창세기 2장 25절에 나오는 하와라고 생각하고, 또 다른 사람들은 창세기 2장 23-24절까지 묘사된 여자들 전체를 가리킨다고 말한다. 또 어떤 사람들은 이 예언이 미래에 실현될 때 나타날 어떤 여자라고 믿는다.

보다 더 중요한 것은, 여인의 씨는 도대체 누구를 가리키는가이다. 이에 대한 보다 명백한 해답을 얻기 위해서는 '씨'(seed)의 히브리어 단어 '세라'(sera, זרע)를 분석하는 것이 매우 중요하다. '세라'를 KJV와 RSV는 '씨'(seed)로, NIV는 '자손'(offspring)으로 번역하고 있다. 이 '세라'라는 단어는 집합 명사로서 단수를 가리키기도 하고 복수를 가리키기도 한다. 그렇다면 세라는 집합적인 복수로서 여인의 후손들 모두를 말하는가, 아니면 오로지 한 사람으로 이해되는 집합 단수인가? 여인의 씨(세라)를 어떻게 설명하는지에 관련해서 지금까지 많은 토론이 계속되어 오고 있는데, 그중에서 빈번히 거론되는 해석들을 여기에 소개한다.

첫째, 유대인들은 여인의 후손은 유대인 공동체로, 뱀의 후손은 가나안 족속으로 생각한다. 신학자 엘리스(P. Ellis)[242]도 유대인들과 비슷한 생각을 가지고 있다. 그는 뱀이 고대 가나안 사람들의 자연 숭배(cult)를 상징한다고 말한다. 다소 일리가 있는 말 같기도 하다. 사실 고대 근동이나 중국과 같은 나라의 사람들은 뱀 혹은 가상의 뱀인 용을 우상화해서 섬겼다. 그렇다면 그의 견해로 볼 때, 뱀의 씨는 가나안의 우상 숭배자들인 반면, 여인의 후손은 선민 이스라엘을 대표한다고 하겠다. 뱀의 후손과 여인의 후손 사이에 적대 관계가 계속되었지만, 여인의 후손이 결국 승리했다. 특히 사탄을 정복하고 세상의 구원을 이루는 하나님의 계획이 완성되는 다윗 왕조를 통해 선민 이스라엘은 가나안을 완전히 정복하고 승리를 거두었다. 엘리스에 따르면, 이 이야기 뒤에 담긴 중요한 진리는, 에덴동산에서 뱀이 하와를 유혹해서 넘어뜨린 이 실패를 승리로 역전시키기 위해 훗날 이스라엘 백성이 가나안을 완전히 정복함으로써 낙원에 있던 원래의 질서를 회복시켰다는 것이다. 이렇게 보면 여인과 뱀의 후손들 사이의 전쟁은 전 인류의 문제가 아니라 단지 이스라엘과 가나안 사이의 문제다.

둘째, 폰 라드와 웨스터만[243]에 따르면, 여인의 후손은 집합적인 복수로서 앞으로 계속 태어날 하와의 자손들, 즉 전 인류를 의미한다. 그들은, '씨'(sera)라는 단어는 개인적인 뜻으로 해석해서 예수 그리스도 한 사람만을 가리킬 수 없다고 주장한다.

셋째, 게이지[244]는 아담의 저주받은 자손과 축복받은 자손의 관

점으로 해석한다: 가인의 후손과 셋의 후손. 여인의 후손, 즉 아담의 선택된 계열은 셋, 노아, 아브라함 등 이스라엘의 족장들로 대표되는 하나님의 이름을 부르는 경건한 자손들인 반면, 뱀의 후손인 아담의 저주받은 계열은 가인과 그의 아들 에녹의 후손들로서, 이들은 악한 나라를 세우고 바벨탑을 쌓았다. 이러한 이스라엘과 이방 나라들의 대조적인 대립(juxtaposition)은 영적으로는 시온과 바벨로 묘사되며, 후에는 선민과 이방인을 구별하는 데로 발전했다. 성경도 영적인 의미로 하나님의 자녀들과 뱀의 후손들을 구별하는데, 각각 '이스라엘'과 '나라들'(nations)로 표현하고 있다.

넷째, 몇몇 복음적인 신학자들[245]은 여인의 씨를 모든 시대와 모든 나라의 믿음이 깊고 경건한 그리스도인들로 생각한다. 그의 이름이 생명책에 기록된 모든 빛의 자녀들이 여인의 후손들이다. 특히 칼뱅은, '세라'라는 단어는 한 개인 이상을 의미하는 집합명사이기 때문에 여인의 씨는 머리이신 하나님 아래 있는 교회 전체를 가리킨다고 강조한다. 그리고 사탄에 대한 승리는 수많은 시대에 걸쳐 오랫동안 의인들에 의해서 계속적으로 성취되어 왔다고 설명한다.

다섯째, 여인의 씨는 오직 한 사람, 예수 그리스도를 가리킨다. 마틴 루터[246]는, 창세기 3장 15절에 나오는 여인의 씨는 모든 개개인 일반을 의미하는 것 같지만, 그럼에도 불구하고 하나님은 한 사람, 곧 마리아의 아들 예수 그리스도에 대해 말씀하고 있다고 말한다. 19세기 독일 신학자 헹스텐버그[247]도 루터와 견해를 같이 하면서 그의 유명한 저서 《구약의 기독론》(크리스천다이제스트 역간) 에서 이를 자세하게 설명하고 있다. 무엇보다도 메시아 예언은 점 진적으로 진보한다. 처음에는 최소한만 알려지고 불명확하다. 그 러나 시간이 지날수록 명료함과 정확성이 계속 증가하는 것을 알 게 된다. 타락 직후 처음에 주어진 예언은 가장 막연하고 모든 것 이 분명치 않았다. 창세기 중간 부분에 가서는 점차적으로 노아, 셈, 아브라함, 이삭, 야곱 등 이스라엘의 족장들로 좁혀지기는 했 지만, 메시아 예언이 한 사람에 의해서 이루어지는지 혹은 족장들 의 자손들에 의한 것인지 아직 판단하기 어렵다. 그러나 이러한 애매함은 창세기 49장 10절에 나오는 마지막 메시아 예언에 의해 모두 제거된다. 메시아 예언은 유다 족속에 속한 것이라는 사실이 전보다 훨씬 더 확실하고 명료해진다. 또 처음으로 메시아의 성품 과 그의 나라의 성격이 드러난다. 그는 평화의 왕이고, 하나님의 독생자인 예수 그리스도이며, 세상의 온 나라들을 그의 주권 아래 둘 것이다.

매우 흥미롭게도, 우리는 이러한 해석을 갈라디아서 3장 16절 로부터 유추할 수 있다. "이 약속들은 아브라함과 그 자손에게 말 씀하신 것인데 여럿을 가리켜 그 자손들이라 하지 아니하시고 오 직 한 사람을 가리켜 네 자손이라 하셨으니 곧 그리스도라." 이 말씀에서 바울은 하나님이 아브라함에게 그의 후손들에 관해 약속하실 때마다[248] 전반적인 모든 사람이나 구약 역사에 나오는 의인 모두를 가리키지 않고 오직 단 한 사람, 예수 그리스도를 말씀하고 있다고 분명히 지적한다. 그러면 하늘의 별과 바다의 모래같이 많은 아브라함의 후손들은 누구를 가리키는가? 이에 대해 바울은 갈라디아서 3장 29절에서, 예수 그리스도를 믿는 그리스도에게 속한 사람들 모두가 약속에 따르면 아브라함의 씨며 자손들이라고 설명하고 있다.[249] 그렇다면 예수 그리스도는 진실로 아브라함의 궁극적인 씨며, 하나님 약속의 최종 초점이다. 이러한 해석 방법을 창세기 3장 15절에 적용하면, 여기에서 언급하는 여인의 씨도 오로지 한 사람, 예수 그리스도를 가리키는 것이 분명해진다.

이렇게 구약성경은 신약성경과 연결시켜서 해석할 때 보다 더 선명하게 이해될 수 있다. 구약성경의 가장 숭고한 목적인 그리스도의 오심이 실현될 때까지 강력하고도 목적을 향한 운동이 끊이지 않고 계속되기 때문이다.[250]

더욱이 3장 15절이 진실로 예수 그리스도를 의미한다는 사실의 일관된 증거는 '여인의 씨'라는 표현에서 나타난다. '남자의 씨'라고 하지 않았다. 일반적으로 성경에서 후손은 남자의 씨를 통해 내려간다. 씨를 갖고 있는 것은 남자지 여자가 아니다. 여자의 씨를 말하지 않는다. 셋, 노아, 아브라함 등과 같은 믿음의 조상들과 달리, 오직 예수 그리스도만이 예외적으로 성령을 통해서 남자의 씨 없이 태어나셨다.

이는 마태복음 1장에 나오는 예수 그리스도의 족보로부터 증명된다. 1장 1-15절까지는 각 문장의 주어들이 남자며, 동사는 능동태형인 '낳고'(begat)이다. 1장 2절을 예로 들면, "아브라함이 이삭을 낳고 이삭은 야곱을 낳고 야곱은 유다와 그의 형제들을 낳고"이다. 그러나 예수 그리스도가 출생할 때, 그의 탄생의 표현은 극적인 변화를 보인다. 16절에서는 남자의 이름 대신 예수 그리스도의 어머니, 마리아의 이름이 나타난다. "야곱은 마리아의 남편 요셉을 낳았으니 마리아에게서 그리스도라 칭하는 예수가 나시니라." 원전인 헬라어 성경을 보면, 헬라어로 '낳다'라는 의미를 가진 단어 '겐나오'(gennaoh)가 2-15절까지 능동형으로 사용된다. 그러나 16절에서는 겐나오가 수동형으로 바뀌며 마리아의 이름이 나타난다. 이러한 문장의 구조적인(syntactic) 변화는, 예수 그리스도는 남자를 통해서가 아니라 하나님의 특별한 섭리 아래 성령을 통해 잉태된 마리아로부터 태어났음을 의미한다. 그러므로 마태복음 1장의 예수님의 족보에서 마리아의 이러한 등장은, 동정녀 마리아는 창세기 3장 15절의 여인이며, 따라서 그녀의 아들 예수 그리스도는 진실로 여자의 씨인 메시아라는 사실을 우리는 확인할 수 있다.

그러면 여인의 후손과 뱀의 후손 사이의 투쟁은 어떻게 전개되는가? 창세기 3장 15절에 따르면 뱀의 후손은 여인의 후손의 발꿈치를 상하게 하는데, 이는 뱀이 사람의 발꿈치를 물어서 상처를 준다는 의미다. 반대로 여인의 후손은 뱀의 머리를 상하게 하는데, 이는 뱀의 머리가 사람에 의해 치명적인 상처를 받는다는 것이다. 한마디로, 사람이 뱀을 죽이는 것이다. 상처를 주는 것과 죽이는 것은 근본적으로 전혀 다르다. 여인의 후손이 뱀과의 전쟁에서 궁극적으로 뱀의 후손을 물리치고 승리를 거두는 것을 의미한다. 게이지[251]에 의하면, 이 구절은 예수 그리스도의 십자가상에서의 고난과 죽음 그리고 그의 영광스러운 부활을 미리 보여 주는 것이다. 여인의 씨는 뱀의 힘에 밀려 죽음의 잔을 마시게 되지만, 죽은 자 가운데서 다시 살아난다. 궁극적인 승리가 여인의 후손에게 부여되는 것이다.

사실 아담이 타락한 이후 뱀의 후손과 여인의 후손 사이의 전쟁은 이미 시작되었으며, 현재도 계속 진행되고 있다. 처음에 이 영적인 전쟁은 족장들과 의인들, 하나님의 신실한 교회와 같은 약속의 자녀들로부터 시작되었다.[252] 성 어거스틴[253]의 말을 빌리면, 하나님의 뜻에 따라 사는 하나님의 도성(City of God)과 인간적으로 살려 하는 인간의 도성(City of Man) 사이에 충돌이 계속되어 왔다. 전자는 하나님과 더불어 영원히 다스리고, 후자는 사탄과 더불어 영원한 형벌을 받고 고통을 당하도록 운명 지어졌다. 하나님의 도성, 즉 영적인 후손들이 싸움에서 조금씩 이기기는 했지만, 그럼에도 불구하고 인간의 도성을 멸하는 승리는 거두지 못했다. 궁극적이고 영광스러운 승리는 긴 전쟁의 끝에 마침내 단 한 사람, 예수 그리스도의 십자가상의 죽음과 부활에 의해 완전히 성취되었다. 창세기 3장 15절이 예언한 대로, 동정녀 마리아에게서 태어난 예수 그리스도가 사탄의 세력을 멸하고 전쟁에서 완전한 승리를 거두었다.

이와는 대조적으로 드라이버나 폰 라드와 같은 신학자들[254]은, 이 구절(창 3:15)이 뱀과 여인의 후손 사이에 질질 끌면서 계속되는 전쟁뿐 아니라 서로 상처를 주고받는 투쟁의 절망 상태를 예견하고 있다고 주장한다. 오직 그칠 사이 없는 서로 간의 적대 감정이 서로 상대방을 이기려고 할 것이며, 여인의 후손이 승리한다는 약속은 주어지지 않았다고 말한다. 드라이버에 따르면, 이 구절의 전반적인 흐름과 취지에서 볼 때, 이것은 다만 여자의 씨가 궁극적으로 승리할 것을 희망하는 싸움으로 추측할 수는 있다고 한다. 또한 폰 라드는, '씨'(sera)라는 단어는 전반적으로 '후세'(posterity)의 뜻으로 해석되므로 '여자의 씨'는 한 사람이 아니라 여자의 후손 모두를 의미한다고 강조하면서, 여자의 씨의 마지막 승리는 이 구절의 의미와 맞지 않는다고 주장한다.

그런데 여기서 던질 질문이 하나 있다. 어떻게 예수 그리스도의 공적이 5, 6천 년이나 되는 기나긴 시간을 뛰어넘어서 역사할 수 있는가? 헤겔은, 인간은 그 시대의 아들이며 시공간을 뛰어넘을 수 없다고 말했다. 독일의 역사학자 랑케(L. von Ranke)도 모든 시대는 하나님과 직접 관계된다고 했다. 그렇다면 인식론적으로 구약 시대의 사람들이 실제로 예수 그리스도에 대해 알고, 또 그가 시공간을 초월해서 역사할 수 있다는 것을 믿었는가?

성경은 아브라함, 모세, 다윗, 이사야 등 구약 시대의 중요한 지도적인 인물들이 메시아이신 예수님의 영광을 보고 기뻐했다고 기록하고 있다. 요한복음 8장 56절은 말씀한다. "너희 조상 아브라함은 나의 때 볼 것을 즐거워하다가 보고 기뻐하였느니라." 시편 110편 1절에 의하면, 다윗은 성령에 감동되어 말하고 있다. "여호와께서 내 주에게 말씀하시기를 내가 네 원수들로 네 발판이 되게 하기까지 너는 내 오른쪽에 앉아 있으라 하셨도다." 여기서 '내 주'는 예수 그리스도를 가리킨다.[255] 또 요한복음 5장 46절에서 예수님은 바리새인들에게, "모세를 믿었더라면 또 나를 믿었으리니 이는 그가 내게 대하여 기록하였음이라"고 말씀하셨다. 그리고 요한복음 12장 41절은 이사야가 예수 그리스도의 영광을 보았다고 말씀한다. 아브라함, 모세, 다윗, 이사야가 기쁨과 환희에 차서 예수 그리스도의 영광을 보고 기대했다면, 다른 많은 믿음의 사람들도 알고 믿었을 것이다.

참으로 창세기 3장 15절은 첫 메시아 예언이며 첫 복음이다. 첫 아담은 뱀에게 정복되었으나 둘째 아담인 예수 그리스도는 큰 용, 즉 옛 뱀을 멸하고 온 천하의 지배권을 회복했다(롬 5:12-21; 계 12:1-9). 요한일서 3장 8절은 이 점을 분명히 기록하고 있다. "마귀는 처음부터 범죄함이라 하나님의 아들이 나타나신 것은 마귀의 일을 멸하려 하심이라." 더 나아가 요한계시록 5장 5절은 실제로 예수 그리스도가 마귀에게 승리했다고 분명히 선언한다. "유대 지파의 사자 다윗의 뿌리가 이겼으니." 이 구절을 창세기 49장 8-12절과 연결해서 생각하면, 유다 지파의 사자 다윗의 뿌리가 예수 그리스도를 가리킨다는 것은 의심할 여지가 없다. 여기서 예수 그리스도는 유다 지파의 사자로 묘사되고 있다. 특히 49장 10절, "규(scepter)가 유다를 떠나지 아니하며 통치자의 지팡이가 그 발 사이에서 떠나지 아니하기를 실로가 오시기까지 이르리니 그에게 모든 백성이 복종하리로다"라는 말씀은, 유다 지파의 사자 다윗의 뿌리는 십자가에서 죽기까지 온전히 순종함으로써 마지막 승리를 거두었기 때문에 이스라엘뿐 아니라 온 세상을 다스릴 것이라는 의미를 내포하고 있다. 이렇게 볼 때, 게이지[256]가 말한 대로 요한계시록 5장 5절은 창세기 49장 8-12절과 함께 창세기 3장 15절에 기록된 약속의 궁극적인 실현의 직접적이고 서술적인 선언으로 간주된다. 모든 것들을 종합해 보건대, 창세기 3장 15절의 첫 복음은 공의로운 씨, 곧 예수 그리스도가 이기고 정복한다는 목적적인 역사의 약속임이 확실하다.

16장

하나님의 의: 가죽옷

창세기 3장 21절에 보면, 하나님은 죄지은 부부를 위해 가죽옷을 지어 입히셨다. 어떤 종류의 가죽옷인지에 대한 여러 가지 견해들이 제기되었다. 유대 문헌 탈무드에서 몇 가지 견해를 추려 보면, 어떤 랍비는 양의 털을 깎아서 만든 모피 옷이라고 한다.[257] 또 다른 사람들은 낙타나 토끼털로 만든 옷이라고 하고, 또 다른 이들은 염소의 가죽으로 만들었다고도 한다.[258] 그러나 기독교는, 하나님이 지으신 가죽옷은 피를 흘리고 죽은 동물의 가죽으로 만들어졌다고 생각한다.

그럼 도대체 하나님이 아담과 하와를 위해 가죽옷을 지어 입히셨다는 것은 무엇을 뜻하는가? 많은 학자들이 이 문제에 대해 토론을 거듭해 왔으며, 가장 많이 거론되는 견해들을 아래에 소개한다.

첫째, 드라이버[259]와 같은 구약학자들은 의복의 기원을 설명하고 있는 것으로 이해한다. 처음 창세기 3장 7절에서 아담과 하와는 그들의 눈이 밝아진 후 부끄러움을 느끼고 무화과나무 잎으로 덮개 같은 옷을 만들어 입었다. 그다음 21절에서 하나님은 보다 영구적이고 오래가는 종류의 옷인 가죽옷을 만들어 입히셨다. 드라이버는 여기서 동물의 가죽옷은 실용적인 면에서 가장 원시적이고 단순한 종류의 옷이라는 의미에서 언급되었다고 말한다.

둘째, 궁켈[260]도 드라이버처럼, 창세기 3장 21절은 인간이 최초에 어떻게 옷을 입기 시작했는지에 대한 설명이라고 말한다. 여기서 한 걸음 더 나아가, 그는 가죽옷이 아담과 하와가 에덴동산에서 쫓겨나기 전 하나님으로부터 받은 지극히 작은 자선의 선물이라고 말한다. 이러한 문맥으로 볼 때, 하나님이 아담과 하와에게 옷을 해 입히셨다는 사실은 지극히 작은 마지막 구호품이며 고난에 대한 대비로서 이해할 수 있다고 말한다. 하나님은 가죽옷을 그들이 가지고 갈 수 있는 유일한 구호품으로 주셨다는 것이다.

셋째, 마틴 루터[261]는, 하나님이 가죽옷을 만들어 입히신 것은 아담과 하와가 그것을 볼 때마다 그들의 비참한 타락을 상기하게 하기 위해서라고 말한다. 가죽옷은 그들로 하여금 최고의 행복으로부터 극도의 불행과 역경으로 빠져 들어가게 만든 타락을 생각하게 만드는 역할을 한다는 것이다. 그래서 아담과 하와는 끊임없이 죄짓는 것을 두려워하고, 계속해서 회개하고 죄의 용서를 사모하게 된다는 것이다. 이렇게 볼 때 가죽옷은 인간의 죄를 향한 하나님의 영원한 경고로 생각될 수 있다. 칼뱅[262]도 루터와 같이, 가죽옷을 하나님의 자비의 행동이라기보다는 그들의 죄를 일깨우게 하는 것으로 생각한다.

넷째, 본회퍼[263]는 하나님이 가죽옷을 만들어 아담과 하와를 입히신 것을, 창조주 하나님이 보존자(the preserver) 하나님이 되셨음을 보여 주는 것으로 생각한다. 본회퍼에 따르면, 창조된 세상은 이제 타락해서 보호가 필요한 세상이 되었으며, 하나님은 타락한 아담과 하와를 타락한 상태 그대로 받아들이신다. 하나님은 이 세상이 죄 많은 곳임을 확인하신 후 질서의 한계 안에서 지휘하며 보존하신다. 타락이 일어나고부터 하나님은 약속과 저주, 선과 악이라는 그분의 방법에 따라 인간들을 다루신다. 이런 관점에서 볼 때, 가죽옷은 하나님이 보호자로 행동하신 좋은 예다. 하나님은 아담과 하와가 서로에게 나체의 모습으로 드러나지 않도록 가죽옷을 입혀 그들을 가리게 해 주셨다. 여기서 우리는 하나님의 활동이 인간과 보조를 맞춰 나가는 것을 보게 된다. 가인이 동생 아벨을 죽인 사건은 또 하나의 좋은 예가 된다. 창세기 4장 15절에서 가인이 죄를 지었을 때, 하나님은 그를 징계하시는 한편 아무도 그를 해하거나 죽이지 못하도록 가인에게 표를 주어 그를 보호하셨다. 하나님이 보호자로 행동하신 것이다.

다섯째, 여기서 한 단계 더 깊이 들어가면, 가죽옷으로 아담과 하와를 입히신 하나님의 행동은 하나님의 구속 사업과 연관 지어 해석될 수 있다.[264] 구속사는 대체로 두 가지로 생각할 수 있는데,

하나는 하나님이 직접 하신 행동이고, 다른 하나는 하나님이 인간으로 하여금 행동하게 하시는 것이다. 후자의 예를 들면, 하나님은 모세를 통해 출애굽 사건을 인도하게 하셨다. 반면 하나님이 타락한 부부를 위해 피를 흘리고 죽은 동물의 가죽으로 직접 만드신 가죽옷은 전자의 좋은 예다. 더욱이 가장 중요한 것은, 여호와 하나님이 만드신 가죽옷은 아담과 하와가 타락한 후 하나님이 인류를 위해 당신의 구속 사업을 구체적으로 시작하신 것을 상징한다는 사실이다.

폰 라드,[265] 라이트(G. E. Wright), 쿨만과 같은 구속사의 대가들에 의하면, 하나님이 당신의 뜻을 인간들에게 알리기 원하실 때는 세 가지 과정을 따른다고 한다. 먼저는 사건을 일으키시고, 그다음 그 사건을 통해서 당신의 뜻을 계시하시고, 마지막으로 인간들로 하여금 그 계시를 해석하도록 하시는 것이다. 이 세 과정이 가죽옷과 관련해서 모두 명백히 드러난다. 벌거벗은 아담과 하와를 입히기 위해서 하나님은 피 흘려 죽은 동물의 가죽으로 옷을 지으셨다. 하나님은 타락한 부부를 위해 피 흘려 죽은 동물로 가죽옷을 만드는 사건을 일으키신 것이다. 여기서 동물의 희생, 즉 피가 가죽옷을 만드는 데 전제 조건이 되는 것에 주목해야 한다. 죄 많고 더러운 몸을 가리기 위해서는 피가 요구된다. 히브리서 9장 22절이 말씀하는 대로, 피 흘림이 없이는 죄의 용서가 없다. 이러한 하나님의 행동은 예수 그리스도의 십자가상의 피 흘림을 계시하고 있다. 분명히 가죽옷을 만드시는 사건은 하나님의 사랑을 명백히 보여 주는 그리스도의 구속적인 죽음에 관한 계시로서 해석될 수 있다. 오로지 십자가에서 흘리신 예수 그리스도의 피를 통해서만 우리는 구원받을 수 있고, 또 의인으로 칭해질 수 있다. 그래서 게이지[266]는, 동물의 죽음은 그 안에 많은 복음이 담긴 첫 번째 설교라고 말한다. 또 가죽옷은 하나님 자신이 타입(typology)을 통해 선포하신 설교라고 에프(T. H. Epp)[267]는 말한다. 그리고 아담과 하와는 첫 번째로 공적 없이 이 은혜를 맛보았다.

유대 랍비들은, 하나님은 아마 아담이 죄를 짓기도 전에 가죽옷을 만들어 두셨을지 모른다고 말하기도 하지만,[268] 이 가죽옷이 인간 역사의 가장 시초에 만들어진 것은 분명하다. 구약학자 델리치[269]가 말한 대로, 죽임당한 동물의 죄 없이 흘린 핏값으로 만들어진 이 옷은 역사의 시작에 놓인 구속의 기초다. 이 가죽옷은 구속사의 중심점에 놓여 있는 예수 그리스도의 의의 옷 그리고 마지막으로는 예수 그리스도의 형상으로 부활할 우리의 영광스러운 몸을 예언적으로 가리키고 있다.

결국 죄지은 남자와 여자를 입히려고 하나님이 만드신 이 가죽옷은 아트킨슨[270]이 묘사한 대로 예수 그리스도가 하나님의 자녀들을 위해 십자가 위에서 승리하신 복음을 통해 시행되며, 오로지 믿음으로만 획득할 수 있는 그리스도의 의의 옷, 곧 구원의 예복의 그림이다. 그래서 바울 사도는 고린도후서 5장 21절에서, 죄

없으신 그리스도를 우리를 대신해서 죄로 삼으신 것은 십자가 보혈을 통한 의의 옷만이 인간의 죄를 덮을 수 있기 때문이라고 설명한다. 또 갈라디아서 3장 27절에서는, 예수 그리스도 안에서 세례를 받은 우리 모두는 그리스도로 옷을 입었다고 말한다.

죄의 결과 아담과 하와는 그들의 벌거벗은 몸을 가릴 것이 필요했다. 그들은 나름대로 시도했으나 그것은 그들의 벗은 몸을 가리기에 부족하고 적합하지 않았다. 진실로 이사야 선지자가 "우리는 다 부정한 자 같아서 우리의 의는 다 더러운 옷 같으며"(사 64:6)라고 고백한 대로, 우리의 죄를 우리 자신의 노력으로 가리려 하는 것은 완전히 비효과적인 행동이다. 그리고 우리의 이러한 노력을 통해 의인으로 정당화될 수 없다는 것은 부정할 수 없는 사실이다. 우리는 오로지 의로운 옷으로만 우리의 더러운 죄를 덮을 수 있다. 그리고 오로지 의의 겉옷으로만 하나님의 의로운 자로 인정받을 수 있다.[271] 그래서 우리는 예수 그리스도의 의의 옷, 곧 예수 그리스도를 통한 구원의 옷을 입어야 한다. 인간이 만든 무화과나무 잎 옷으로는 우리의 벌거벗음을 가릴 수가 없다. 한마디로 구속의 은혜는 본질적으로 하나님으로부터 출발하며, 죄에 빠지기 쉬운 인간으로부터 나오지 않는다.

17장

——◆——

고난의 역사의 시작

하나님은 죄를 범한 아담과 하와에게 가죽옷을 지어 입힌 후 그들을 에덴동산에서 내보내신다. 위경 희년서 3장 32절은, 아담과 그의 아내는 에덴동산에서 나와 아담이 창조된 땅인 엘다에 가서 살았다고 기록하고 있다. 아람어 성경인 타르굼은, 아담은 그가 창조되고 타락 후 죄를 회개한 곳인 모리아 산으로 가서 정착한 후 그곳에서 땅을 갈면서 살았다고 말한다.

하나님은 그들을 에덴동산에서 내보내는 이유를 창세기 3장 22절에서 설명하신다. "여호와 하나님이 이르시되 보라 이 사람이 선악을 아는 일에 우리 중 하나같이 되었으니 그가 그의 손을 들어 생명나무 열매도 따먹고 영생할까 하노라." 이 구절을 언뜻 보면 마치 뱀의 예언이 들어맞은 것처럼 보인다. 창세기 3장 5절에서 뱀은 하와를 유혹하려고 애쓰면서, 그녀가 선악과를 먹으면 그 즉시 하나님과 같이 될 수 있는 것처럼 믿게 하려고 노력했다.

분명히 뱀이 꼬인 대로 그들의 눈은 열렸다. 그러나 문제는, 그들은 악을 선택한 데 따른 죄 된 경험에 기초한 선과 악을 알게 되었다는 점이다. 유대 문헌 조하르(Zohar)[272]는, "그들의 눈은 이제 그들이 전에는 알지 못했던 악한 세계를 향해 열렸다"라고 설명하고 있다. Nelson KJV는 창세기 3장 5절의 주석에서 이것을 명료하게 주해하고 있다. "3장 5절의 그들의 눈이 열릴 것이라는 사탄의 약속은 기술적으로 사실이었다. 그들은 눈이 열려서 모든 것을 그들의 죄 된 관점으로 보게 되었다. 그들은 선을 알지만 선을 행할 수 없고, 악을 알지만 악을 억제할 수 없게 되었다. 항상 하나님과 같이 되려는 유혹을 받게 되었다." 마틴 루터[273]도 이를 비꼬는 어조로 다음과 같이 묘사하고 있다. "그들이 사탄에게 마음을 빼앗기고 하나님과 같이 되려고 했을 때, 그들은 바로 사탄처럼 되고 말았다."

몇몇 비평적인 자유주의 신학자들은, 창세기 3장 22절은 하나님이 현실을 솔직하게 인정한 표현이라고 생각한다. 영국의 윌리엄스와 테넌트(F. R. Tennant) 같은 학자들은 한 걸음 더 나아가, 하나님은 처음부터 인간이 영생하는 것을 원치 않았던 것 같다고 주장한다. 대신 이 구절은 인간의 지식과 영생에 대한 하나님의 시기를 보여 주고 있다고 말한다. 테넌트[274]의 말을 인용하면, "하나님은 인간이 그의 특별한 영역에 침입하는 것을 시기해서 용납지 않으신다". 이런 해석은 그리스 신화에 나오는 프로메테우스(Prometheus)의 이야기와 아주 유사하다. 프로메테우스는 반은 신이고 반은 인간인 존재로서, 제우스(Zeus)의 뜻에 반해 올림포스 산에서 불을 훔쳐다가 인간 세상에 돌려주었다. 이 사건으로 인해서, 다시 말하면 신의 영역에 침투하는 일로 말미암아 프로메테우스는 제우스의 심판으로 영원하고 냉혹한 벌을 받게 되었다.[275]

앞에서 언급한 비판적인 견해와는 반대로, 복음적인 학자들은 한결같이 하나님이 원치 않으시는 것은 죄를 범한 인간의 불후라고 입을 모은다. 아담이 전에는 하나님의 선하심만 알고 있었는데, 이제는 하나님의 말씀에 거역하는 악을 알게 되었다.[276] 그는 유혹에 넘어가 죄인이 되었기 때문에 영생해서는 안 된다. 또한 하나님과 같이 되려 하는 유혹을 항상 받을 것이다. 다만 죄를 짓지 않았더라면 아담은 격심한 노동이나 고통, 더 나아가 죽음까지도 맛보지 않고 영원히 살 수 있었을 것이다.

또한 매우 흥미롭게도, 몇몇 유대 학자들은 비록 아담이 에덴동산에서 축출되기는 했지만, 죄를 짓자마자 즉시 죽을 것으로 알았는데 곧 죽지 않고 930세까지 산 것은 자비로 조미된 공의의 행동(the act of justice tempered with mercy)[277]이라고 표현하고 있다.

하나님은 죄를 지은 아담과 하와를 에덴동산에서 쫓아내셨다. 그리고 나서 범죄한 부부가 들어오지 못하도록 생명나무로 향하는 길의 입구를 지키기 위해 동산의 동쪽에 그룹들(cherubim)과 두루 도는 불 칼(flaming sword)을 설치하셨다. 이제 그들이 에덴동산으로 되돌아갈 수 있는 길은 영원히 닫히고 말았다.

그렇다면 여기서 말하는 그룹들과 불 칼은 무엇을 의미하는 가? 광야 시절 성막의 법궤 위에 있던 두 그룹(출 37:7-9)과 솔로몬 성전에 있던 한 쌍의 그룹(열상 6:23-28)을 생각하면서 많은 학자들은 이 그룹들을 천사들로 이해한다. 이들은 랍비 라시[278]가 말하는 파괴의 천사가 아니라, 아마도 보호하는 천사들이었을 것이다. 두루 도는 불 칼에 대해서는 신적인 현존(divine presence)이라고 말하는 사람들도 있고, 하나님의 분노의 상징으로 이해하는 사람들도 있다. 마틴 루터[279]는 두루 도는 불 칼을 번개와 같은 번쩍임 혹은 화염으로 묘사한다. 이 번개 혹은 불꽃같은 화염은 이리저리 끊임없이 움직이는 칼 모양을 하고 있는데, 사방에서 번쩍거리면서 나오기 때문에 그 누구도 가까이 가는 것이 불가능하다고 루터는 그림을 그리듯이 표현하고 있다.

그룹들과 불 칼과 관련해서 아트킨슨과 랍비 라시[280]는, 공포와 두려움을 일으켜 아담과 하와가 다시는 에덴동산에 들어오지 못하게 하려고 그들을 설치했다고 말한다. 칼뱅과 루터[281]에 따르면, 그룹들은 두려움을 일으키는 목적뿐만 아니라 그들의 비참하고 참담한 타락을 뚜렷이 상기시키기 위해 두었다고 말한다.

우리 시대의 위대한 설교자 중 한 사람인 무디(D. L. Moody)[282]는 아담과 하와의 축출 사건을 매우 의미 있게 그리고 복음적으로 해석한다. 그에 의하면, 하나님은 첫 번째 아담을 에덴동산에서 내보내신 후 그가 다시는 들어오지 못하도록 그룹들을 두루 도는 불

칼과 함께 설치하셨다. 타락해서 죄와 흠 많은 사람이 영원히 살도록 허락하는 것은 매우 끔찍한 일이기 때문이다. "그러나 이제 그리스도가 오셔서 그 칼을 당신의 품에 품고 사람들이 들어가 먹을 수 있도록 문을 활짝 여셨다." 그러므로 우리는 두 번째 아담(예수 그리스도)을 통해 영원한 곳에서 그를 만날 때 생명나무 열매를 먹을 수 있도록 영접 받을 것이다.

아담의 에덴에서의 추방은 지리적일 뿐 아니라 또한 영적인 축출이었다. 하나님과 인간 사이의 밀접한 교제가 아담이 낙원에서 쫓겨난 이래로 끊어지고 말았다.[283] 인간은 더 이상 아담이 타락하기 전에 에덴동산에서 누렸던 하나님과의 좋은 교제를 계속할 수 없게 되었다. 하나님과 인간 사이에 장벽이 놓인 것이다. 아담이 에덴동산을 떠난 이래로 그 자신뿐 아니라 그의 후손들 모두는 오로지 하나님의 출현(theophany)이나 때로는 천사들의 나타남을 통해 하나님을 만날 수 있었다. 후에는 대부분 사제들이나 예언자들을 통해 간접적으로 하나님을 만나게 되었다.

엄격한 의미에서 괴로움과 고난으로 특징지어진 인간 역사는 아담과 하와가 에덴동산에서 쫓겨난 순간부터 시작되었다.[284] 인간은 평생 동안 이마에 땀을 흘리면서 고통스럽게 힘써 일해야만 음식을 먹을 수 있다. 또한 인간은 결국 그가 만들어진 흙으로 돌아간다.

웨스터만[285]을 비롯한 몇몇 학자들은 이러한 고난의 역사를 문명과 문화의 발전을 위해 불가피하게 직면해야 할 초석으로 생각한다. 인간은 항상 자신의 한계를 넘어서려고 노력하며, 그 결과 항상 앞으로 나아간다고 그들은 강조한다. 비록 인간이 낙원에서 쫓겨났을 때 하나님과 같이 되는 가능성은 단절되었지만, 어떤 분야에서든 여전히 전진할 수 있고 인간의 한계 안에서 성취할 수 있다는 것이다. 인간은 창조자일 수는 없지만, 창조적일 수는 있다.

여기서 부정할 수 없는 분명한 사실은, 비록 에덴동산에서 축출되기는 했지만 하나님과 인간의 관계가 완전히 깨어진 것은 아니라는 점이다. 여호와 하나님은 그들을 완전히 포기하거나 버리지 않으셨다. 구원하시는 하나님의 사랑과 은혜가 에덴동산으로부터 추방되어 고난의 한가운데 처해 있는 그들에게 나타난다. 구속자의 약속이 아담의 타락 후 즉시(창 3:15) 그리고 점진적으로 그들과 그 자손들에게 계시된 것은 참으로 놀라운 일이 아닐 수 없다. 한 가지 예를 들면, 구속하시는 하나님의 은혜는 노아의 출생을 계기로 이루어진 예언을 통해서 명백히 드러난다. 창세기 5장 28-29절에 의하면, 라멕이 182세 되던 해에 아들을 낳고 그 이름을 노아라고 하면서 "여호와께서 땅을 저주하시므로 수고롭게 일하는 우리를 이 아들이 안위하리라"고 말했다. Nelson KJV는 창세기 5장 29절의 주석에서, 라멕이 여기에서 창세기 3장 17절(아담의 타락 이후 하나님이 땅을 저주하신 사건)을 암시적으로 언급한 것은 그가 3장 15절의 약속, 즉 메시아가 인간을 저주로부터 또한 죄로부터 해방시켜 주러 오신다는 메시아 예언을 마음속에 간직하고 있는 표시라고 설명한다. 또한 노아의 출생은 앞으로 오실 메시아의 계열이 어떻게 이어져 나가는지를 보여 준다. 하나님이 아벨 대신 주신 '임명된 자'(the Appointed)인 셋으로부터 시작된 하나님 자녀들의 계열은 방주로 남은 자들을 구원한 '구조자'(the Deliverer)인 노아에게 전해진 후 노아의 둘째 아들인 셈에게로 넘어가 메시아이신 예수 그리스도가 오시기까지 계속 이어져 나간다.

시간이 지남에 따라 구속의 은혜는 점차적으로 밝혀진다. 창세기 3장 15절의 약속에 따라, 드디어 예수 그리스도가 이 세상에 오셔서 저주를 완전히 물리치셨다. 앞으로 때가 차면 메시아이신 예수 그리스도가 다시 오셔서 최후의 궁극적인 승리를 우리에게 안겨 주면서 그의 자녀들을 구원하실 것이다.

18장

하나님의 구속사에 대한
아담과 하와의 신실한 응답

저명한 구속사 학자들 중의 한 사람인 폰 라드[286]는, 시편은 대부분 역사 속에서 그들을 구원하려고 매우 광대한 범위에 걸쳐서 행하신 여호와 하나님의 행동에 대한 이스라엘 백성의 화답으로 구성되어 있다고 말한다. 이 이스라엘의 화답은 먼저, 하나님의 구속 행위를 기억하고 그 구속하시는 역사 속에서 일어난 중요한 사건들을 각 개인이 자기 방법으로 계속 되풀이해서 이야기하는 (retelling, Nacherzahlen) 신앙 고백을 기록한 것들이다. 달리 말하면, 하나님의 구속사는 구원의 역사 속에서 일어난 주요한 사건들의 요점을 반복해서 말하는 것으로 구성되어 있다. 따라서 하나님과 그분의 사역 사이의 직접적인 연결 고리는 '말' (words)이다. 이 말은 찬양, 믿음의 고백, 이해하기 힘든 사건들에 대한 질문, 그들이 당하고 있는 고통에 대한 푸념 등과 같은 유형으로 엮어져 있다. 매우 흥미롭게도, 이러한 신앙 고백적인 응답들이 인간 역사의 시작에 살았던 아담과 하와에게서도 발견된다.

창세기 3장 16-19절에서 하나님의 준엄한 심판이 아담과 하와에게 선포되었다. 그들은 심판을 받은 후 그들의 죄를 회개하면서 하나님에게 용서와 자비를 구했을까? 그들의 슬픔과 후회 그리고 회개에 대한 몇몇 이야기를 추적하다 보면 이에 대한 해답을 얻을 수 있을 것 같다.

첫째, 아담과 하와의 회개는 위경 '아담과 하와의 생애'[287]라는 구약성경에 더 자세하게 기록되어 있다. 이 책에 의하면, 아담과 하와가 죄를 짓고 에덴동산에서 쫓겨난 후 그들은 7일 동안 깊이 비통해하면서 눈물로 회개했다. 그리고 나서 아담은 하와를 티그리스 강으로 보내고 자신은 요단 강으로 걸어가 깊이 참회하면서 회개했다.

둘째, 유대인 전승[288]에 따르면 아담은 속량일(the Day of Atonement)에 죄를 지은 후 같은 날에 죄를 회개했다고 한다. 유대인들은 7월(Tishri in Hebrew) 10일에 속량일을 지킨다. 이날은 또한 아담이 창조된 날이라고도 한다.

셋째, 유대 문헌 탈무드는 아담의 회개와 금식을 매우 독특하게 다룬다. 그 내용은 다음과 같다.

> 아담은 그로 하여금 죄를 짓게 한 세 가지 요소들로부터 그 자신을 멀리하면서 죄를 회개했다. 우선 그의 죄는 먹

는 행위였다: 그래서 금식했다. 그다음 그는 아내의 제안을 받아들여 선악과를 먹었다: 그래서 아내와 가까이하지 않고 거리를 두었다. 마지막으로 아담은 자기가 먹은 선악과가 무화과나무 열매였다고 생각했다(몇몇 견해에 의하면): 그래서 그는 꼭꼭 찌르는 무화과나무의 가지를 그의 몸에 붙여 놓아 그가 몸을 움직일 때마다 아픔을 느끼게 했다.[289]

마지막으로, 기독교 신학자들도 대부분 아담과 하와가 회개했다고 믿는 것 같다. 게이지[290]는 욥이 티끌과 재 가운데서 회개한 것과 같이(욥 42:6) 아담도 아마 티끌과 재 가운데서 참회했을 것이라고 한다. 우리는 여호와 하나님이 "너는 흙이니 흙으로 돌아갈 것이니라"고 말씀하신 창세기 3장 19절로부터 아담의 이러한 회개를 유추해 낼 수 있다.

성경의 문맥에서 볼 때에도 우리는 그들이 진정으로 회개했을 것이라는 믿음을 강하게 가질 수 있다. 아담과 하와의 회개와 신앙 고백을 묘사하고 있는 여러 구절들을 성경에서 추적해 끌어 낼 수 있기 때문이다.

먼저, 하나님의 약속을 믿는 아담의 신앙이 창세기 3장 20절에서 발견된다. 아담은 창세기 3장 15절의 약속에 응답해서 그의 아내의 이름을 하와(Hawwah, חוה)라고 지었다. 하와는 생명이라는 뜻이다. 명사형 하와는 '존재하다' 혹은 '살다' 라는 의미를 가진 '하야' (חיה)라는 동사에서 기원한다. 아담이 그의 아내의 이름을 하와라고 부를 때, 그는 아마도 하와는 한 가정의 어머니(가인, 아벨 그리고 셋의 어머니)일 뿐만 아니라 모든 살아 있는 자들, 말하자면 앞으로 태어날 모든 자손들의 어머니가 됨을 의미했을 것이다. 여인의 씨, 그의 생각에는 하와의 씨가 뱀의 머리를 상하게 하고 구원을 가져올 것이라는 첫 복음을 그가 믿었음이 분명하다.[291] 첫 메시아 예언에 대한 깊은 믿음이 없이는 하나님의 준엄한 심판을 받은 직후에 아담이 이처럼 신실하게 반응하기는 어려웠을 것이다.

하와도 역시 여호와 하나님을 향한 그녀의 진지한 믿음을 창세기 4장의 첫 구절에서 보여 주고 있다. 4장 1절에 따르면, "아담이 그의 아내 하와와 동침하매 하와가 임신하여 가인을" 낳았다. 가인이 태어났을 때 하와는 "내가 여호와로 말미암아 득남하였다" (창 4:1)라고 말하며 신앙을 고백했다. '여호와로 말미암아' 라는 관용구는 히브리어 성경에 보면 단지 두 단어로 되어 있다: 에트 (et, את)와 야훼(Yahweh, יהוה). 여기서 '에트' 는 목적격 전치사다. 이 히브리어 관용구 '에트 야훼' 가 B.C. 270년경 헬라어 성경 (Septuagint)으로 번역될 때 '여호와의 도움으로' (with the help of the Lord)를 의미하는 'dia tou theu' 로 고쳐 기록되었다. 영어로는, KJV는 '여호와로부터' (from the Lord)로, NIV와 RSV는 헬라어 성경을 따라 '여호와의 도움으로'로 번역했다. 이처럼 목적격 전치사 '에트'는 하나님의 도움과 연결된다. 하와가 하나님의 도움으로 가인을 낳았다고 말할 때에는 그녀가 창세기 3장 15절의 첫 메시아 약속을 기억하고 신앙으로 응답한 듯하다. 왜냐하면 '여호와의 도움으로', 혹은 '여호와로 말미암아'라는 문구는 찬양을 통한 신앙 고백이며, 약속의 말씀에 대해 깊고 경건한 이해를 지니고 있음을 뜻하기 때문이다. 다시 말하면, 그녀는 첫 메시아 약속을 믿은 사람이며, "여호와로 말미암아 득남하였다"는 신앙 고백은 아직도 뚜렷하지 않고 안개 속에 가려져 있는 창세기 3장 15절이 진실로 첫 복음이라는 명백하고도 확실한 증거다.[292]

더욱이 하와가 하나님을 계약의 하나님의 이름인 여호와라고 부른 것은 깊은 의미가 있는 것 같다. 창세기 3장 2-3절에서 하와가 뱀에게 현혹되어 뱀과 대화를 나눌 때에는 하와나 뱀 모두 하나님을 엘로힘이라고만 부르고 여호와라는 이름은 고의로 피했다. 그러나 4장 1절에 와서 하와는 하나님을 처음으로 '엘로힘'이라는 이름이 없이 오직 '여호와'라고 불렀다. 하와의 이러한 변화된 태도는 그녀가 메시아 예언을 기억하면서 회개하고, 계약의 하나님이신 주 여호와를 기쁨으로 인정하고 받아들였음을 보여 준다.[293]

보다 더 중요한 것은, 프리드먼[294]에 의하면 성경에서 하와가 처음으로 '여호와'라는 하나님의 이름을 발음했다고 한다. 비록 여호와라는 이름이 창세기 2장 4절부터 계속 나오기는 하지만, 아담, 가인, 아벨 혹은 셋 등 개인의 입으로는 발음되지 않았다. 여호와라는 하나님의 이름은 4장 1절에서 처음으로 하와의 입을 통해서 불렀다.

결론적으로, 성경의 문맥에서 보면 아담과 하와는 비록 타락하기는 했지만 그들은 창세기 3장 15절의 첫 복음, 곧 메시아 예언을 믿으면서 회개했다고 생각하는 것이 맞는 것 같다. 그렇다면 아담과 하와의 이 신앙 고백들은 하나님의 구속사에 대한 신실한 믿음의 반응이다. 잘 알려진 대로 구속사는 죄의 의식과 하나님의 구속 계획에 대한 믿음의 반응에 기초해서만 존재할 수 있다. 그리고 호프만과 쿨만이 올바르게 지적한 대로,[295] 각 개인과 하나님의 구속 과정의 연결 고리는 진실로 나 자신의 믿음이다.

19장

구속사의 완성을 향해서: 하나님 형상의 회복

하나님은 가인이 죽인 아벨을 대신해서 또 다른 택하신 아들 셋을 아담에게 주셨다. 성경은 아담의 세 아들, 즉 가인과 아벨과 셋에 대해서만 언급하고 있지만 사실 아담은 이들 외에도 많은 아들들과 딸들을 두었다. 그렇다면 아담은 얼마나 많은 자녀들을 두었을까? 위경 '아담과 하와의 생애' [296] 24장 3절은 "아담은 셋의 아버지가 된 후 팔백 년을 살면서 삼십 명의 아들과 삼십 명의 딸 모두 합해서 육십삼 명의 아버지가 되었다"라고 기록하고 있다. 또한 창세기 5장 4절도 "아담은 셋을 낳은 후 팔백 년을 지내며 자녀들을 낳았으며"라고 말씀하고 있는 것을 볼 때, 아담이 성경에 기록되지 않은 많은 자녀들을 두었던 것은 분명하다. 흥미로운 것은, 위경 희년서에 아담의 딸들의 몇몇 이름이 소개되고 있다. 희년서 4장 9절에 따르면 가인은 그의 동생 아완(Awan)과 결혼했고, 셋의 아내 또한 그의 동생 아주라(Azura)였다(4:11).

이렇게 많은 아담의 자녀들 가운데 우리가 구속사에 관해 이야기할 때 초점을 맞출 아들은 셋이다. '셋'(Seth)이라는 이름은 임명하다 혹은 놓다(to place or to set)라는 의미를 가진 히브리어 동사 '쉬트'(sheet, שׁית)에서 기원된다. 창세기 4장 25절은 셋이라는 이름이 무엇을 의미하는지 분명하게 설명하고 있다. "그(아담)가 아들을 낳아 그의 이름을 셋이라 하였으니 이는 하나님이 내게 가인이 죽인 아벨 대신에 다른 씨를 주셨다 함이며." 이 구절을 볼 때 셋은 기본적으로 보상(compensation)을 뜻하는 '허가하다'(to grant) 혹은 '임명되다'(to be appointed)라는 의미임을 추측할 수 있다.[297] 랍비 슬로토위츠[298]는 또한, 셋은 지구력(endurance) 혹은 영속성(permanence)의 의미로 이해할 수 있다고 말한다. 왜냐하면 아담은 선택된 아들 셋과 그의 후손들이 지속적으로 이 세상을 견디어 나가며 영원히 계속될 것을 깨달았기 때문이다. 더 나아가, 여기에는 남은 자(remnant)라는 구체적인 단어는 없지만, 셋이라는 이름의 배후에는 남은 자 개념이 놓여 있는 것을 알 수 있다. 위에서 언급한 것들을 모두 종합해 볼 때, 셋은 하나님의 구속 계획에서 특별한 위치에 임명되었음을 추측할 수 있다. 가인에게 살해된 아벨 대신 하나님이 주신 셋을 통해서 하나님의 섭리와 구속사가 계속 이어져 내려간다. 그를 통해서 메시아의 약속도 계속 전해져 내려간다.

창세기 5장 3절에 의하면, "아담은 백삼십 세에 자기의 모양

곧 자기의 형상과 같은 아들을" 낳았다. 창세기 1장 27절에서 아담은 하나님의 형상으로 창조되었는데, 5장 3절에서 셋은 그의 아버지 아담의 형상으로 태어났다고 말하고 있다. 달리 말하면, 셋은 하나님의 형상이 아니라 인간인 아담의 모양으로 태어난 것이다. 도대체 셋이 하나님 대신 아버지 아담을 닮았다는 것은 무엇을 뜻하는가? 그리고 아담의 모양 혹은 형상은 무엇을 의미하는가? 무엇보다도 하나님의 형상 또는 모양의 명확한 의미는 무엇인가? 하나님의 형상과 하나님의 모양은 어떻게 다른가? 이러한 질문들은 끊임없이 거론되어 왔으며, 이는 또한 우리의 주제이기도 하다.

우선 첫째로, 하나님의 형상과 모양에 대해서 구약성경은 이러한 표현들을 네 번 언급하고 있다(창 1:26, 27, 5:1, 9:6). 신약성경에서도 이러한 단어들을 볼 수 있다(고전 11:7; 골 1:15, 3:10; 고후 4:4; 약 3:9). 히브리어로 '형상'(image)은 '쩰렘'(zelem, צלם)이고, '모양'(likeness)은 '데무트'(demut, דמות)다. 이 두 단어는 같은 뜻으로 쓰였는가, 혹은 각각 다른 의미를 가지고 있는가? 지금까지 많은 토론이 있어 왔지만, 누구나 동의하는 결론에는 이르지 못하고 있다. 어떤 사람들은 형상과 모양을 구분하는 반면, 또 다른 사람들은 구별을 두지 않는다.

칼뱅[299]에게 있어서 하나님의 형상은 하나님의 모양과 다르지 않다. 하나님의 형상과 모양은 그저 같은 의미를 지니고 있다. 히브리어는 같은 것을 다른 말로 반복해서 말하는 것이 통례라고 그는 설명한다. 이때 두 번째 단어는 설명이나 강조를 위해서 부가되는 것이다. 칼뱅은 자신의 견해를 뒷받침하기 위해서 성경 본문으로부터 몇 가지 예를 든다. 창세기 1장 26절에서는 형상과 모양, 두 단어를 모두 언급하는데, 27절에서는 모양이라는 단어가 빠지고 형상이라는 단어만 연속해서 나온다. 반면에 창세기 5장 1절에서는 형상이라는 단어가 나오지 않고 모양이 그 자리를 대치한다. 창세기 5장 3절에서는 두 단어가 모두 사용된다. 모양이 먼저 나오고 형상이 뒤를 따른다. 이처럼 두 단어가 구별 없이 번갈아 가면서 사용된다는 것은 이들 두 단어의 의미가 기본적으로 같거나 적어도 비슷한 것을 나타낸다고 칼뱅은 결론짓는다. 사실 이러한 예들은 시편에서 많이 볼 수 있다.

신약성경에서도 마찬가지다. 헬라어로 '형상'(image)은 '아이콘'(eicom)이고, '모양'(likeness)은 '호모이오시스'(homoiosis)다. 한글 성경에는 모두 형상이라고 되어 있지만, NIV로 보면 골로새서 3장 10절에는 형상(image)이, 야고보서 3장 9절에는 모양(likeness)이 언급되고 있다. 구약처럼 신약에서도 대부분 두 단어, 즉 형상과 모양이 같은 의미 혹은 거의 비슷한 뜻으로 쓰인다고 한다. 그러나 신약에서는 이 두 단어가 언제나 아무 구별 없이 번갈아 가면서 사용될 수는 없다. 예수 그리스도와 관련해서 그는 하나님의 형상이지만(고후 4:4; 골 1:15) 하나님의 모양은 아니다. 그는 죄인인

인간의 모양으로(롬 8:3) 이 세상에 오셨다.[300]

　많은 학자들이 칼뱅과 견해를 같이하고 있는 반면, 몇몇 학술적인 주석가들은 형상과 모양은 단지 반복적인 표현들이 아닌 각각 다른 의미를 함축하고 있다고 주장한다. 그들은 가능한 한 하나님의 형상과 모양을 구별하려고 노력한다. 형상은 보다 현실적인 속성(realistic attributes)들을 나타내는 반면, 모양은 보다 추상적인(abstract) 것들을 가리킨다고 한다. 형상은 인간이 가지고 있는 자연적인(natural) 면들, 말하자면 이성(reason)이나 개성(personality) 등을 가리키는 반면, 모양은 영적(spiritual)이고 초자연적인(supernatural) 면들, 즉 윤리적인 특성들(ethical traits)을 가리킨다. 특히 모양과 관련해서 본래 인간은 하나님을 닮은 무엇인가를 소유하고 있다. 비록 인간이 하나님과 같을 수는 없지만, 그럼에도 불구하고 인간은 도덕적인 존재인 하나님의 모양으로 만들어졌다. 하나님에게 예배와 찬양을 드리면서 영적이고 영원한 것을 사모하는 것은 바로 하나님의 모양을 닮은 것과 밀접한 관계가 있다고 그들은 주장한다.

　폰 라드와 같은 근래의 학자들은, 인간이 지니고 있는 하나님의 형상은 이 세상에서 만물의 영장으로서 군림하는, 즉 지구상에서 통치권을 행사하는 권한을 위임받은 인간의 신분을 가리킨다고 생각한다. 인간은 하나님의 대리자로서 하나님이 맡기신 일들을 받아서 집행해야 한다고 폰 라드는 말한다. 이러한 통치권은 시편 8편 4-6절에 잘 이해할 수 있도록 표현되어 있다. "사람이 무엇이기에 주께서 그를 생각하시며 인자가 무엇이기에 주께서 그를 돌보시나이까 그를 하나님보다 조금 못하게 하시고 영화와 존귀로 관을 씌우셨나이다 주의 손으로 만드신 것을 다스리게 하시고 만물을 그의 발아래 두셨으니."

실제로 우리는 창조의 사건들 속에서 하나님을 대리하는 인간의 지위를 보여 주는 몇 가지 예를 들 수 있다. 먼저 창세기 1장 26-27절에 보면, 하나님은 인간을 당신의 형상으로 창조하시고 만물을 다스리는 권한을 부여하셨다. 여기에서 인간이 지닌 하나님의 형상은 인간이 이 세상에서 하나님을 대표하는 것을 가리킨다. 자연을 다스리는 인간의 주권에 관한 또 다른 예는 창세기 1장 28절이다. 아담이 창조되었을 때 하나님은 땅에 충만하고, 땅을 정복하고, 또 모든 생물을 다스리라고 축복하셨다. 하나님은 아담에게 이 세상의 주인으로서 책임지고 다스릴 것을 명하셨다. 그러나 하나님이 '땅을 정복하라' 고 하신 것은 자연을 파괴하고 못쓰게 만들라고 하신 것이 아니라, 잘 보살피고 돌보라고 하신 것이다. 하나님은 인간에게 청지기 사명을 주시며 자연을 잘 관리하는 일을 맡기셨다. 또한 우리는 아담이 주인으로서의 역할을 감당하는 직접적인 예를 성경에서 볼 수 있다. 창세기 2장 19-20절에서 아담은 모든 가축과 공중의 새와 들의 모든 짐승에게 이름을 지어 주면서 천지 만물의 지배권을 행사했다.

그래서 윌리엄 켈리(William Kelly)[301]는 진행되고 있는 모든 견해들을 종합해서 형상은 대리하는 것(representing)으로, 모양은 닮은 것(resembling)으로 정의한다.

일반적으로 성경 전체를 비추어 볼 때 우리가 하나님의 형상과 모양을 정확히 구별해서 잘 정의하기는 매우 어렵다. 왜냐하면 성경은 그 둘 사이의 차이를 명확히 말하고 있지 않기 때문이다. 형상이 모양보다 더 무게 있게 취급되기는 하지만, 일반적인 경향은 하나님의 형상과 모양을 비슷한 의미로 생각하는 듯하다. 형상과 모양이 각각 무엇을 뜻하는지 구별하지 못하는 어려움에 봉착해서, 유대인 주석가 프리드먼[302]은 하나님의 형상이나 모양이 특별히 무엇을 의미하는지 우리가 자세히 알기는 어렵지만, 적어도 인간이 몇몇 신적인 요소들을 지니고 있는 것만은 틀림이 없다고 말한다. 어쨌든 인간은 다른 동물들에게는 없는 신적인 요소들을 나누어 가지고 있는 것으로 이해된다.

그렇다면 아담이 한때 지녔던 하나님의 형상은 어떤 것이었을까? 웬함(G. J. Wenham)[303]은 인간이 지닌 하나님의 형상과 모양을 구약 시대에 존재했던 성막에 유추해서 끌어내리려고 한다. 출애굽기 25장 9절과 40절에 보면, 성막은 하나님이 시내 산에서 모세에게 보여 주신 모형대로 건축되었다고 한다. 달리 말하면, 지상에 세워진 성막은 천국에 있는 성막의 모양대로 만들어진 것이다. 마찬가지로 만일 인간이 하나님의 형상과 모양으로 창조되었다면,

비록 하나님과 같을 수는 없지만 인간은 어떤 식으로든 틀림없이 하나님의 상을 가지고 있다고 할 수 있다. 그렇지만 논쟁을 좋아하는 몇몇 사람들이 말하듯이, 인간이 지닌 하나님의 형상을 마치 인간의 신체가 하나님처럼 생긴 것으로 착각해서는 안 된다.

그런데 아담이 하나님의 형상을 가지고 있었다는 것은 무슨 중요한 의미를 가질까? 본회퍼[304]에 따르면, 처음부터 아담이 소유했던 하나님의 형상은 불완전하고 하나님에게 속해 있는 피조물로서의 한계를 가진 것이었다고 한다. 인간인 아담의 존재는 자유(순종 혹은 불순종)를 소유하고 있으며, 그의 신적인 형상은 오로지 그가 하나님에게 순종할 때만 나온다는 것이다. 다시 말해서, 아담이 지닌 하나님의 상은 자유와 피조물로서의 한계가 함께 융합되어 있으므로, 그는 순종 또는 불순종 사이에서 선택을 해야 한다는 것이다. 다른 한편으로는 아담이 모든 피조물보다 우월하게 하나님의 형상과 모양으로 창조되었기 때문에, 그는 본성적으로 하나님처럼 되기를 열망할 수도 있다. 즉, 하나님과 같이 될 수 있다는 망상에 사로잡힐 가능성이 상당히 높다.[305] 안타깝게도 아담은 하나님처럼 될 수 있다고 착각한 나머지 불순종을 택함으로써 결국 타락했다. 아담이 타고난 하나님의 형상은 완전하게 될 수 있는 기회를 놓치고 말았다.

하나님의 형상과 타락에 관련해서, 저명한 교회사가 하르나크 (A. Harnack)[306]는 그의 저서 《History of Dogma》(교의사)에 초기 기독교회의 교부인 성 이레니우스의 학설을 소개한다. 성 이레니우스에 의하면, 타락이 일어났다고 해서 하나님의 형상을 영원히 잃어버렸다고 말할 수는 없다. 대신 불순종은 인간의 발전에 큰 도움이 되기 때문에, 그는 타락을 목적론적인 의의(teleological significance)를 지닌 것으로 생각하려고 한다. 불순종은 죽음을 가져온다는 것, 선함과 생명이 하나님에게 속해 있는 것처럼 본질적으로 그에게는 속해 있지 않다는 진리를 인간은 경험을 통해서 배우게 된다. 인간이 가지고 있는 하나님의 상은 타락의 결과로 완성되지는 못했지만, 원래 인간은 하나님의 형상과 모양으로 창조되었기 때문에 여전히 윤리적이고 이성적인 특성들을 소유하고 있다. 따라서 인간은 문명과 문화를 발전시켜 나갈 능력과 잠재력을 가지고 있다. 이러한 관점에서 본다면, 타락은 어떤 면에서는 인간을 완성으로 인도해 가는 하나의 수단으로 계획되었다고 하겠다.

이제 다음 질문, '아담이 자신의 형상과 모양을 닮은 아들을 낳았다는 것은 무엇을 의미하는가?'로 넘어가 보자. 일반적으로 많이 거론되는 견해들이 고려될 것이다.

폰 라드[307]에 따르면, 아담이 창조될 때 그는 인류의 첫 조상으로서 하나님의 형상으로 입혀졌다. 그러나 그의 자녀들은 하나님의 형상이 아닌 아담의 상으로 태어났다. 이는 아담이 이 세상에서 하나님의 대표자로서 그 자신의 형상으로 후손들을 계속 재생산할 수 있는 최고로 존귀한 권한을 하나님으로부터 위임받았음을 의미한다. 그러므로 아담의 아들 셋이 타락으로 말미암아 하나님의 형상을 잃어버리고 아담의 타락된 상으로 태어났다고 말할 수는 없다.

이에 반해서 루터, 칼뱅, 성 어거스틴과 같은 많은 정통파 학자들은[308] 하나님의 형상이 아담의 타락의 결과로 망가지고 훼손되었으므로, 셋은 하나님의 형상이 아니라 타락한 아버지인 아담의 상으로 태어날 수밖에 없다고 주장한다. 일단 타락이 일어났으므로, 아담은 그의 아들을 자신처럼 죄 많고 불결하고 불행한 모습으로 낳게 되었다는 것이다.

여기서 우리는 하나님의 형상과 인간의 타락한 모습 사이에 서로 연결되어 있는 주제를 요한복음 3장 1-6절에 나오는 예수님과 니고데모 간의 대화로부터 발견할 수 있다. 예수님은 하나님 나라에 대한 니고데모의 질문에 대답하면서 '사람은 성령으로 거듭나야 한다' 고 확고히 말씀하셨다. '거듭나다' (born again)라는 말을 통해서 예수님은 부분적인 수정이 아닌, 전체적으로 새롭게 되는 것을 의미하셨다고 칼뱅[309]은 말한다. 사람은 타락한 모습을 가지고 있으므로 우리 안에 결함이 없는 것이란 아무것도 없다. 특히 "육으로 난 것은 육이요 영으로 난 것은 영이니"(요 3:6)라는 말씀은, 하나님의 형상과 인간의 타락한 상은 서로 상반됨을 명백히 암시하고 있다. 그러므로 사람이 하나님의 형상을 회복하고 하나님의 자녀가 되려면 무엇보다 먼저 성령으로 거듭나야 한다.

이제 우리는 '그러면 아담의 죄 때문에 하나님의 형상과 모양은 완전히 못쓰게 되었는가? 아니면 어느 정도 훼손되기는 했지만 그래도 여전히 남아 있는가?' 라는 질문을 던지게 된다. 다시 말해서, 신적인 형상은 완전히 파괴되어 사라져 버렸느냐, 혹은 비록 손상되고 부분적으로 지워지기는 했지만 아직 좀 남아 있느냐는 것이다.

루터와 칼뱅 같은 많은 복음적인 신학자들은, 하나님의 형상이 비록 훼손되고 부패되고 왜곡되기는 했지만 완전히 파괴되고 지워지지는 않았다고 생각한다. 아담의 타락으로 인해 하나님에 대한 지식이 흐려지고, 양심이나 윤리의식이 왜곡되고 의지는 노예화되었을지라도 하나님의 형상과 모양은 여전히 남아 있다. 우리는 대표적인 예들을 성경에서 찾을 수 있다. 창세기 9장 6절에서 하나님은 살인하지 말라고 명하신다. 하나님은 인간을 당신의 형상과 모양으로 만드셨는데, 그 형상과 모양이 노아 홍수 이후에도 여전히 존속하고 있기 때문이다. 또 고린도후서 4장 4절과 골로새서 1장 15절에서 바울은 '예수 그리스도는 보이지 않는 하나님의 형상' 이라고 말한다. 그리고 고린도전서 11장 7절에서는 "남자는 하나님의 형상과 영광" 이라고 말한다. 그러나 창세기 1장 26-27절과는 달리 "여자는 남자의 영광이니라"(고전 11:7)라고 말하면서 여자를 하나님의 형상으로 만들어진 것으로부터 제외시킨다. 클라인스(David Clines)는, 창세기 1장 27절에 나오는 아담은 종(genetic)의 이름이므로 남자와 여자를 모두 포함하고 있다고 지적하면서, 이 구절에서 아담이 하나님의 형상으로 창조되었다고 할 때는 남자만이 아니라 남자와 여자 모두를 포함해야 그 완전한 의미를 찾을 수 있다고 말한다.[310] 사도 야고보는 야고보서 3장 9절에서, 사람은 하나님의 모양으로 만들어졌으며 여전히 그 상을 지니고 있으므로 저주의 대상이 되어서는 안 된다고 말한다.

마지막으로 우리가 생각해야 할 것은, 훼손된 하나님의 형상은 후에 회복될 수 있는지, 없는지에 대한 것이다. 많은 복음적인 학자들은 한결같이 예수 그리스도를 통해서 하나님 형상의 회복은 성취될 수 있다고 말한다. 우리는 예수님의 십자가와 영예로운 부활에 의해서 하나님의 형상으로 변모될 수 있다. 구원과 하나님 형상의 회복으로 향하는 문은 복음에 의해 활짝 열려 있다. 그래서 사도 바울은 에베소서 4장 23절과 골로새서 3장 10절에서, 부패된 옛 사람을 벗어 버리고 창조자 하나님의 형상을 좇아 지식에까지 새롭게 하심을 받는 새 사람을 입으라고 우리에게 권고하고 있다.

비록 예수 그리스도를 통해서 하나님 형상의 회복을 이룰 수 있기는 하나, 아직 완전한 회복은 아니다. 오스카 쿨만[311]에 의하면, 예수님이 이 땅에 오셔서 십자가를 지고 부활하시는 하나님의 계시는 일단 실현되었지만, 구속사는 계속해서 발전하고 있다. 그는 전쟁의 예를 들면서 그 개념을 다음과 같이 설명한다. 전쟁의 결정적인 싸움은 승리로 끝났지만, 게릴라전은 '승리의 날' (Victory Day)까지 얼마 동안 지속되어야 한다. 루터[312]의 설명을 소개하면, 복음은 하나님 형상의 회복을 가져왔지만 이 육신 속에서는 완전함을 이룰 수 없다. 죄와 사망이 아직 존재하는 가운데 영혼은 우리 죄 된 육신의 한계 안에 둘러싸여 있어서, 그 어느 부분도 죄의 감염으로부터 자유롭지 않다. 따라서 완전한 회복은 여전히 완성되지 않은 상태에서 아직 오고 있다.

현재 역사는 하나님 형상의 완성을 향해 나아가는 중이다. 구속사는 하나님 형상의 회복이 완전히 마무리될 때 마침내 완성될 것이다. 오늘도 여전히 죄투성이인 우리는 그분의 형상과 모양으로의 완전한 회복을 향해 끊임없이 나아가고 있다. 하나님 형상의 회복이 완성되는 날, 부활의 날, 우리는 그리스도의 모습으로 변할 것이다. 예수 그리스도가 우리에게로 돌아오시는 그날, 우리의 일그러진 형상은 그분의 완전한 모습으로 변화될 것이다.[313] 바울은 그날 우리 믿음의 형제들은 주님의 영광스러운 형상으로 변화될 것이라고 말한다(고후 3:18). 그리고 사도 요한은 그분이 다시 오시는 날 우리는 그분과 같이 변할 것이라고 말한다(요일 3:2). 그날은 바로 인간의 역사가 끝나는 날이다. 그리고 바로 그날, 하나님의 구속 계획은 마침내 모두 완성될 것이다.

에필로그

하나님의 신비와 인간 지식의 한계

역사의 종말에 예수 그리스도의 재림과 관련해서 베드로후서 3장 16절은 이렇게 말씀한다. "그 모든 편지에도 이런 일에 관하여 말하였으되 그중에 알기 어려운 것이 더러 있으니 무식한 자들과 굳세지 못한 자들이 다른 성경과 같이 그것도 억지로 풀다가 스스로 멸망에 이르느니라." 성경의 마지막 부분뿐만 아니라 첫 부분도 참으로 어렵고 이해하기 힘들다. 극도로 어렵기 때문에 지금까지 이 부분을 잘 설명해 줄 수 있는 사람이 아무도 없었다. 그래서 4세기의 가톨릭 교부인 제롬[314]은, 옛날 이스라엘에서는 창세기 초반부를 30세 이하의 젊은 사람들에게 읽어 주거나 설명해 주는 것이 금지되었다는 사실을 우리에게 전해 주고 있다.

물론 우리는 성경의 다른 장(chapters)이나 구절(verses)에서도 이해하기 힘든 부분들을 종종 만난다. 하지만 성경의 시작과 끝 부분이 특히 이해하기 어렵고 수수께끼 같은 점들이 많다는 것은 부인할 수 없는 사실이다. 이러한 문제점들에 직면해서 칼뱅[315]은,

"나는 꼭 알아야 할 것이 아니라면 그냥 모르는 대로 놔두겠다"라고 말한다. 루터[316] 역시도 칼뱅과 보조를 맞춰, "말씀을 왜곡해서 엉뚱하게 풀지 말고 우리 해석 능력의 부족함을 인정하자"라고 말한다. 계속해서 그는 매우 겸손하게, "우리가 이해할 수 없는 것에 대해서는, 우리는 단지 학생이 되어서 성령에게 선생의 일을 맡기자"고 제의한다. 독일의 종교 개혁자 멜란히톤(Melanchthon)[317]은 한 걸음 더 나아가, 잘 모르는 것을 억지로 조사하기보다는 하나님의 신비를 찬양하겠다고 말한다.

사실 19세기 독일 신학자 호프만[318]이 언급한 대로, 성경은 어느 한 시대만을 위한 책이 아니다. 성경은 인간 역사의 처음 시작부터 마지막 종말까지를 모두 포괄하고 있기 때문에, 성경에 대한 지식들은 각 시대의 필요에 알맞은 것들이라고 할 수 있다. 어느 한 시대에 성경 전체의 내용을 다 이해하기는 어렵다. 따라서 성경 해석도 어느 한 시대가 성경 전체의 내용을 아주 정확하게 이해하고 설명하는 것은 전혀 불가능하다고 하겠다.

위에서 언급한 내용은, 만일 우리가 매우 설명하기 어려운 부분을 만나면 그 문제들을 억지로 풀려 하지 말고, 후에는 마침내 올바르게 해석되리라 기대하면서 인내심을 가지고 그 문제들을 다음 세대에 넘겨주라고 제시하는 듯하다. 어쨌든 모든 것들은 적어도 우리가 주님을 만나는 그날, 우리에게 아주 명확하게 알려질 것이다. 바울은 고린도전서 13장 12절에서 이를 다음과 같이 묘사하고 있다. "우리가 지금은 거울로 보는 것같이 희미하나 그때에는 얼굴과 얼굴을 대하여 볼 것이요 지금은 내가 부분적으로 아나 그때에는 주께서 나를 아신 것같이 내가 온전히 알리라."

이 책을 저술하면서, 나는 우리 세대를 대표하는 복음적인 설교자이며 신학자인 마틴 로이드 존스(Martyn Lloyd-Jones)의 성경적 그리고 신학적인 자세를 진지하고 의미 있게 받아들인다. 그는 많은 점에서 같은 시대의 다른 학자들과는 달랐다. 그는 성경 비평과 소위 학계의 이론들을 거부하고 논쟁에 끼어들기를 거절했다. 대신 그는 예수 그리스도의 복음을 진솔하게 증거하는 일에 초점을 맞추려고 노력했다.

이와는 대조적으로 다른 견해를 가진 여러 비평적인 학자들은, 성경이 하나님의 말씀이라는 입장을 거부하는 학자들의 글을 무시하는 사람들은 학문의 방법론상 부정직한 사람들이라고 공격한다. 이 시점에서 우리는 스위스 바젤대학의 교수이자 신약 분야의 저명한 구속사 학자인 오스카 쿨만[319]의 주장에 귀를 기울일 필요가 있다. 계속 진행되고 있는 비평적인 논쟁들에 직면해서, 그는 "우리의 신앙은 불확실한 학계의 결론에 의존되어서는 안 된다"고 말한다. 왜냐하면 "모든 학적인 해석과는 독립적으로 성경과 우리 믿음의 만남이 있을 수 있고, 또 틀림없이 있을 것이 분명하기 때문"이라고 그는 힘주어 강조한다. 그럼에도 불구하고 우리는 신앙에 도움이 되도록 과학적인 분석도 받아들여야 할 것이라고 말한다. 이미 잘못된 길로 갔고 또 여전히 가고 있는 학계의 비평적인 해석에도 불구하고, 우리는 그러한 것들이 장애가 되지만 한편으로는 도움이 될 수도 있음을 알고 있다. 이들은 의심할 나위 없이 신앙을 증진시키는 수단이 될 수 있다고 그는 말한다.

그래도 불트만(R. Bultmann)과 같은 학자는, 모든 해석은 자기표현의 형식(a form of self-expression)이라고 주장할지도 모른다. 다시 말하거니와, 성경에 접근할 때 우리는 이것이 거룩한 분야임을 명심해야 한다. 우리는 겸허한 마음을 가지고 접근해야 하며, 주 하나님이 우리에게 말씀하시는 것을 들을 준비가 되어 있어야 한다. 유대인 학자 브라운(M. L. Brown)[320]은, 성경에는 넘지 못할 기본 선이 분명히 그려져 있다고 말한다. 그 신앙의 기본을 거부하면 그는 이미 신앙으로부터 떠난 것이며, 그는 더 이상 그리스도인이 아니다. 그러므로 신학자는 자기의 신학적인 입장을 보여 주려고 성경을 해석해서는 안 된다. 오히려 성경이 가르치는 것들에 자기의 사고 방법을 맞추도록 노력해야 한다. 왜냐하면 칼뱅[321]이 잘 지적한 대로, "진실로 성경은 스스로 자명하기 때문에, 증거를 찾고 논리적으로 성경을 증명하려 하는 것은 맞지 않기" 때문이다.

오늘날, 특히 19세기와 20세기 신학의 문제는 소위 '경험적-과학적 방법론(empirico-scientific method)에 편승해서, 성경은 기본적으로 하나님으로부터 기원된 책인데 이를 마치 사람으로부터 비롯된 책으로 취급하는 것이라고 영[322]은 말한다. 그들은 성경의 영감

혹은 신성과 같은 면들을 전적으로 무시해도 된다고 믿고 있음이 분명하다.

그러나 사도 베드로가 베드로후서 1장 21절에서 말한 대로, 예언은 결코 사람의 뜻에서 기원되지 않았다. 기본적으로 성경은 성령의 감동하심을 입은 사람들이 성령의 지시대로 썼기 때문에 신성하며, 하나님이 이 책의 저자이시다. 진실로 성경은 하나님으로부터 영감을 받아 기록되었을 뿐 아니라 하나님이 스스로를 권위 있게 드러내신 책이기 때문에, 성경에 나오는 사건들은 오로지 하나님 편에 기원을 둘 때에만 설명될 수 있다.[323] 하나님을 떠난 성경 해석은 어떠한 시도든지 모두 실패할 수밖에 없다.

신학은 로이드 존스[324]가 올바르게 강조한 대로 하나님에 대한 지식을 의미하며, 따라서 "경건함과 두려움으로"(히 12:28) 해야 한다. 더 나아가 신학의 참의미와 목적은, 사람들이 모든 의심을 넘어 하나님의 신비와 위대함을 찬양하게 하는 것이다(딤전 3:16). 성경은 우리에게 말씀한다. 아니, 명령한다. "네가 선 곳은 거룩한 땅이니 네 발에서 신을 벗으라"(출 3:5).[325]

참고 문헌

Allis, O. T., *God Spake by Moses. An Exposition of the Pentateuch.* New Jersey 1951.

Anderson, B. W., *Unfolding Drama of the Bible*, Minneapolis 1988.

_____*Contours of Old Testament theology*, Minneapolis 1999.

Aquinas, T., *Summa Theologia Ia2*^{*ae*}, *Questions 81, Article 2.*

Archer, Jr. G. L., *A Survey of Old Testament Introduction*, Chicago 1985.

Atkinson, B. F. C., *The Pocket Commentary of the Bible. The Book of Genesis*, Chicago 1957.

Birds, P., *Genesis I-III as a Source for a Contemporary Theology of Sexuality*, in Ex Auditu Vol. 3 (1987).

Blocher, H., *In the Beginning: The Opening Chapters of Genesis*, tr. by D. G. Preston, Illinois 1984.

_____*Original Sin*, ed. by D. A. Carson, Michigan 1999.

Boman, T., *Hebrew Thought Compared with Greek*, tr. by J. L. Moreau, London 1960.

Bonhoeffer, D., *Creation and Fall. A Theological Interpretation of Genesis 1-3.Temptation*, tr. by J. C. Fletcher, London 1966.

_____*Letters and Papers from Prison*, ed. by E. Bethge, An Abridged Edition, SCM Press 1981.

Brichto, H. C., *The Names of God*, New York 1998.

Bright, J., *A History of Israel*, Louisville 2000.

Brown, M. L., *Answering Jewish Objections to Jesus, Vol. 1 & 2*, Michigan 2000.

Bulka, R. P., *Torah Therapy*, New York 1983.

Bush, G., *Notes on Genesis, Vol. 1*, Minnesota1976.

Calvin, J., *Commentaries on the Book of Genesis, Vol. 1*, tr. by J. King, Michigan.

_____*Calvin's N. T. Commentaries, St. John, Vol. 18*, tr. by T. H. L. Parker, Michigan.

_____*Institutes of the Christian Religion*, tr. by F. L. Battles, Philadelphia.

Clines, D. J. A., *What does Eve do to help?*, in JSOT #94, Sheffield 1990.

_____*The Image of God in Man*, in Tyndale Bulletin #19, Cambridge 1968.

Coggins, R. C., *Introducing the Old Testament*, Oxford 2001.

Cooper, D. A., *God is a Verb. Kabbalah and the Practice of Mystical Judaism*, New

York 1997.

Cox, H., *When Jesus came to Harvard*, Boston New York 2006.

Cullmann, O., *Salvation in History*, tr. by S. Sowers, London 1967.

_____*Christ and Time*, tr. by F. V. Filson, London 1951.

Cyprian, *The Baptismal Controversy*, tr. and ed. by S. L. Greenslade, in The Library of Christian Classics, Early Latin Theology, Philadelphia.

Davis, J. J., Paradise to Prison. *Studies in Genesis*, Michigan 1975.

Delitzsch, F., *New Commentary on Genesis, Vol. 1*, tr. by S. Taylor, Minnesota 1978.

Driver, S. R., *The Book of Genesis*, London 1911.

Dubarle, A. M., *The Biblical Doctrine of Original Sin*, tr. by E. M. Stewart, London 1964.

Edersheim, A., *The Temple. Its Ministry and Services*, Massachusetts 1994.

Eichrodt, W., *Theology of the Old Testament, Vol. 1*, tr. by J. Baker, London 1983.

Ehlen, A. J., *Old Testament Theology as Heilsgeschichte*, in Concordia Theological Monthly #35(Oct. 1964), pp. 517-544

Ellis, P., *The Men and the Message of the Old Testament*, Minnesota 1976.

Epp, T. H., *The God of Creation, Vol. I & II*, Nebraska 1972.

Eriugena, J. S., *On the Division of Nature*, tr. by M. I. Uhlfelder, Indianapolis 1976.

Ezra, A. L., *Commentary on the Creation*, tr. and annotated by M. Linetsky, New Jersey 1998.

Flanders, H. J., Crapps, R. W., Smith, D. A., *People of the Covenant*, New York 1973.

Flint, V. P., *Strangers and Pilgrims. A Study of Genesis*, New Jersey 1988.

Friedman, R. E., *Commentary on the Torah*, New York 2001.

Fretheim, T. E., *Creation, Fall, and Flood: Studies in Genesis 1-11*, Minnesota 1969.

Gage, W. A., *The Gospel of Genesis. Studies in Protology and Eschatology*, Indiana 1984.

Goldstein, A. M., *The Eternal Heritage. An Anthology of Torah Thought, Genesis I*, New York 1986.

Gordis, R., *The Knowledge of Good and Evil in the OT and Cumran Scrolls*, in JBL #76 (1957).

Grafstein, S. Z. E., *Judaism's Bible, Vol. One: The Book of Genesis*, New Jersey 1999.

Gunkel, H., *Genesis, tr. by M. E. Biddle*, Georgia 1997.

Haag, E., *Der Mensch am Anfang. Die alttestamentliche Paradiesvorstellung nach Gn. 2-3*, in Trierer Theologische Studien, Bd. #24 (1970).

Hamilton, V. P., *The Book of Genesis: Chapter 1-17*, Michigan 1990.

Harnack, A., *History of Dogma, Vol. 2*, New York 1958.

Harrison, R. K., *Introduction to the Old Testament*, Michigan 1969.

Hegel, G. W. F., *Vorlesungen Ueber die Philosophie der Religion II*, Frankfurt 1969.

Hengstenberg, E. W., *Christology of the Old Testament and a Commentary on the Messianic Predictions*, Michigan 1970.

Herodotus, *The Persian Wars*, tr. by G. Rawlinson, in The Greek Historians, Vol.I,

New York 1942.

Hesse, F., *Abschied von der Heilsgeschichte*, Zuerich 1971.

Hirsch, S. R., *The Pentateuch*, tr. by G. Hirschler, New York 1997.

Hofmann, J. C. K. von, *Weissagung und Erfuellung im alten und im neuen Testamente*, Noerdlingen 1841-4.

_____*Enzyklopaedie der Theologie*, Noerdlingen 1879.

_____*Theologische Ethik*, Noerdlingen 1878.

Howard, Jr. D., *An Introduction to the Old Testament Historical Books*, Chicago 1993.

Jacob, B., *The First Book of the Bible: Genesis*, tr. by E. I. & W. Jacob, New York 1974.

Josephus, F., *Antiquities of the Jews*, in The Complete Works of Flavius-Josephus, tr. by W. Whiston, Chicago.

Kaiser, O., *Introduction to the Old Testament*, tr. by J. Sturdy, Minnesota 1977.

Kant, I., *Kritik der praktischen Vernunft. Grundlegung zur Metaphysik der Sitten*, Frankfurt 1968.

Knohl, I., *The Divine Symphony*, Philadelphia 2003.

Lamsa, G. M., *Old Testament Light*, New York 1964.

Levenson, J. D., *Sinai and Zion: An Entry into the Jewish Bible*, New York 1987.

Linetsky, M., *Rabbi S. Gaon's Commentary on the Book of Creation*, New Jersey 2002.

Lloyd-Jones, D. M., *Knowing the Times*, Pennsylvania 1989.

Loewith, K., *Meaning in History*, Chicago London 1949.

Luther, M., *Lectures on Genesis, Chapters 1-5*, tr. by G. V. Schick, Missouri 1958.

_____*On the Bondage of the Will*, ed. by E. G. Rupp, in The Library of Christian Classics, Luther and Erasmus on Free Will, Philadelphia London.

Luzzatto, S. D., *The Book of Genesis. A Commentary by Sha Dal*, tr. by D. A. Klein, New Jersey 1998.

Maag, V., *Historische oder ausserhistorische Begruendung alttestamentlicher Theologie?* in Schweizerische Theologische Umschau #29 (1959).

MacDonald, D., *The Biblical Doctrine of Creation and the Fall*, Minnesota 1984.

McKenzie, J. L., *A Literary Characteristics of Genesis 2-3*, in Theological Studies #15 (1954).

_____*Myth and the Old Testament*, in The Catholic Biblical Quarterly, Vol. 21 (July 1959).

Melanchthon, P., *Loci Communes Theologici*, ed. by W. Pauck, in The Library of Christian Classics, Melanchthon and Bucer, Philadelphia London.

Moody, D. L., *Quiet Times with D. L. Moody*, compiled by J. S. Bell, Jr., Chicago 2000.

Moose, H., *In the Beginning*, New York 1966.

Morris, H. M., *The Genesis Record*, Michigan 1977.

Murray, J., *Collected Writings, Vol. 2*, Pennsylvania 1977.

Nahmanides, *The Commentary of Nahmanides on Genesis, Chapters 1-6*, tr. by J. Newman, Leiden 1960.

Origen, *On First Principles: being Koetschau's text of the De principii*, tr. by G. W. Butterworth, New York 1966.

____*Homilies on Genesis and Exodus*, tr. by R. E. Heine, in Fathers of the Church, Vol. 71, Washington, D. C. 1982.

Phillips, J., *Exploring Genesis*, Chicago 1980.

Philo, *On the Creation*, in The Works of Philo, tr. by C. D. Yonge, Hendrickson Publisher 2002.

____*Questions& Answers on Genesis*, in The Works of Philo, tr. by C. D. Yonge, Hendrickson Publisher 2002

Phipps, W. E., *Genesis and Gender. Biblical Myths of Sexuality and their Cultural Impact*, New York 1989.

Plaut, W. G., *The Torah: A Modern Commentary*, New York 1981.

Puy, A. C. van der, *From Eden to Eternity*, Nebraska 1980.

Rad, G. von, *Genesis*, tr. by J. H. Marks, London 1961.

____*Old Testament Theology Vol. 1 & 2*, tr. by D. M. G. Stalker, London 1975.

____*Wisdom in Israel*, tr. by J. D. Martin, Pennsylvania 1972.

Ramban, N., *Commentary on the Torah*, tr. by C. B. Chavel, New York 1971.

Rashi, *Bereishis/Genesis*, tr. by Y. I. Z. Herczeg, New York 1995.

Rendtorff, R., *Canon and Theology*, tr. by M. Kohl, Minneapolis 1993.

Ross, A. P., *Creation and Blessing*, Michigan 1988.

Sarna, N. M., *Understanding Genesis. The Heritage of Biblical Israel*, New York 1978.

____*The JPS Torah Commentary: Genesis*, Philadelphia New York Jerusalem 1989.

Sawyer, D., *God, Gender, and the Bible*, London 2002.

Schaeffer, F. A., *Genesis in Space and Time. The Flow of Biblical History*, Illinois 1972.

Scherman, N., *The Chumash: The Torah*, New York 2000.

Schleiermacher, F., *The Christian Faith*, tr. by H. R. Mackintosh and J. S. Stewart, Edinburgh 1976.

Smith, R. L., *Old Testament Theology. Its History, Method, and Message*, Tennessee 1993.

St. Aquinas, T., *Summa Theologia, Vol. 26, Original Sin (1a2ae 81-85)*, tr. by T. C. O' Brien, New York London 1965.

St. Augustine, *The City of God*, tr. by M. Dods, New York 2006.

____*The Literal Meaning of Genesis, Vol. 2*, tr. by J. H. Taylor, in Ancient Christian Writers #42, New York 1982.

____*Confessions*, tr. & ed. by A. C. Outler, in The Library of Christian Classics, Vol. VII, London.

____*De correptione et gratia (Admonition and Grace)*, tr. by J. C. Murray, in The Fathers of the Church, Vol. 2, Washington, D.C. 1947.

____*On the Psalms*, Vol. 1, tr. by S. Hebgin and F. Corrigan, London 1960.

_____*Two Books On Genesis against the Manichees*, tr. by R. J. Teske, Washington, D.C. 1991.

_____*On the Literal Interpretation of Genesis: An Unfinished Book*, tr. by R. J. Teske, Washington, D.C. 1991

_____*Enchiridion*, tr. & ed. by A. C. Outler, in The Library of Christian Classics, Vol. VII, London.

_____*The Soliloquies*, ed. by J. H. S. Burleigh in The Library of Christian Classics, Earlier Writings, Philadelphia.

_____*Eighty-three Different Questions*, tr. by D. L. Mosher, Washington, D.C. 1982.

_____*On Marriage and Concupiscence*, tr. by R. E. Wallis and P. Holmes, Tennessee 2016.

St. Ephrem, *Selected Prose Works*, tr. by E. G. Matthews, Jr., Washington, D.C. 1994.

St. Jerome, *Hebrew Questions on Genesis*, tr. by C. T. R. Hayward, Oxford 1995.

St. John of Damascus, *Writings: The Orthodox Faith*, tr. by F. H. Chase, Jr., New York 1958.

Stigers, H. G., *A Commentary on Genesis*, Michigan 1976.

Tennant, F. R., *The Sources of the Doctrine of the Fall and Original Sin*, Cambridge 1903.

Terrien, S., *Toward a Biblical Theology of Womanhood*, in Religion in Life (Oct. 1973).

Thomas, W. H. G., *Genesis: A Devotional Commentary*, Michigan 1957.

Tillich, P., *Systematic Theology Vol. Two: Existence and the Christ*, Chicago 1957.

Trible, P., *God and the Rhetoric of Sexuality*, Philadelphia 1978.

Unger, M. F., *Archaeology and the Old Testament*, Michigan 1954.

Urbach, E. E., *The Sages, Their Concepts and Beliefs*, tr. by I. Abrahams, Jerusalem 1979.

Vos, H. F., *Genesis and Archaeology*, Michigan 1985.

Watson, F., *Strategies of Recovery & Resistance: Hermeneutical Reflections on Genesis 1-3 and its Pauline Reception*, in JSNT #45 (1992).

Wenham, G. J., Word Biblical Commentary: Genesis 1-15, Vol. 1, Texas 1987.

Westermann, C., *Genesis. A Practical Commentary*, tr. by D. E. Green, Michigan 1987.

_____*Creation*, tr. by J. J. Scullion, London 1974.

Williams, A. L., *The Common Expositor. An Account of the Commentaries on Genesis*, N. Carolina 1948.

Williams, N. P., *The Ideas of the Fall and of Original Sin*, London 1927.

Wolde, E. J. van, *A Semiotic Analysis of Genesis 2-3*, The Netherlands 1989.

Young, E. J., *In the Beginning: Genesis Chapter 1 to 3 and the Authority of Scripture*, Pennsylvania 1976.

_____*An Introduction to the Old Testament*, Michigan 1989.

Zee, W. R. van der, *Ape or Adam?*, tr. by G. M. Verschuuren, Massachusetts 1995.

Zimmerli, W., *Old Testament Theology in Outline*, tr. by D. E. Green, Edinburgh

1978.
Zlotowitz, M., *Bereishis/Genesis, Vol.I*, New York 1977.
Zorn, C. M., *The Whole Christian Doctrine in Genesis 1-5*, tr. by W. F. Docter, Ohio 1924.

색인

저자에 대해서

———

강성구 목사(1943-2008)는 연세대학교에서 신학 전공으로 BA학
위를 받았다. 그 후 1980년부터 영국에 있는 셰필드(Sheffield)대학
교에서 구약신학을 연구, 1982년에 〈*The Doctrine of Original Sin
in the Light of Modern Interpretation of Genesis 3*〉라는 논문으
로 석사 학위(MPhil.)를 받았으며, 1986년에는 〈*The Concept of
Heilsgeschichte: Its Origins and Its Use in Old Testament Study
since Hofmann*〉라는 논문을 제출해서 박사 학위(PhD)를 받았다.
한국으로 돌아온 후에는 평택대학교에서 학생들에게 구약신학을
가르쳤다. 1990년 미국으로 이민 온 후에는 메시아교회(PCUSA)에
서 장로교 목사로 시무하면서 로스앤젤레스(Los Angeles)에 있는 신
학교(미주 장로회 신학대학교)에서 구약을 가르쳤다. 그는 구약과 구
약신학에 관한 여러 저서들을 남겼는데, 그 목록은 다음과 같다.

《하나님이 쓰신 사람들·하》(서로사랑, 1995)
《숨겨진 하나님》(서로사랑, 1995)

《공의로우신 하나님》(1996)

《동일하신 하나님》(서로사랑, 1997)

《원죄란 무엇인가》(서로사랑, 1997)

《회복된 공동체의 종교 개혁》(서로사랑, 1999)

《모에드와 하그》(서로사랑, 2001)

《창조와 타락으로 본 구속사》(서로사랑, 2010)

《*Salvation History, In View of Creation and Fall*》(Covenant

Books, 2018)

주

들어가는 말

1) V. Maag, *Historische oder Ausserhistorische Begruendung Alttestamentlicher Theologie?* in Schweizerische Theologische Umschau #29 (1959), p. 13.
2) J. C. K. von Hofmann, *Theologische Ethik*, Noerdlingen 1878, p. 21ff.
3) M. F. Unger, *Archaeology and the Old Testament*, Michigan 1954, p. 13-14.
4) A. J. Ehlen, *Old Testament Theology as Heilsgeschichte*, in Concordia Theological Monthly #35 (Oct. 1964), p. 517.
5) J. Bright, *A History of Israel*, London 1972, p. 463, 467.
6) Geschichte ignores the element of the facticity. In the case of Old Testament it deals with what Israel believed happened, not what actually may have happened. D. Howard, Jr., *An Introduction to the Old Testament Historical Books*, Chicago 1993, p. 41.
7) A. J. Ehlen, *ibid*, p. 517, 544.
8) O. Cullmann, *Salvation in History*, tr. by S. G. Sowers, London 1967, p. 28.
9) T. Boman, *Hebrew Thought Compared with Greek*, tr. by J. L. Moreau, London 1960, p. 47-49.
10) T. Boman, *ibid*, p. 49.
11) G. von Rad, *Old Testament Theology, Vol. 1*, tr. by D. M. G. Stalker, London 1975, p. 180.
12) O. Cullmann, *ibid*, p. 236.
13) O. Cullmann, *Christ and Time*, tr. by F. V. Filson, SCM 1951, p. 219.
14) E. W. Hengstenberg, *Christology of the Old Testament*, Michigan 1970, p. 21.
15) E. Haag, *Der Mensch am Anfang: Die alttestamentliche Paradies-Vorstellung nach Gn. 2-3*, in Trierer Theologische Studien, Bd. #24 (1970), p. 2.
16) E. Haag, *ibid*, p. 116.
17) W. Eichrodt, *Theology of the Old Testament, Vol. 1*, tr. by J. Baker, London 1961, p. 26.
18) K. Loewith, *Meaning in History*, Chicago 1949, p. 6.

1부 창조
1장_ 창조의 목적과 클라이맥스: 인간

19) 그런데 창세기 1장 2절은 "땅이 혼돈하고 공허하며 흑암이 깊음 위에 있고"라고 기록한다. 몇몇 학자들은 1절과 2절 사이에 측량하기 어려운 시간의 공백이 있다

고 생각하고 이 구절을 근거로 재창조설을 주장한다. 심지어는 아처(G. L. Archer, Jr.)와 같은 복음적인 신학자들도 재창조설에 동조한다. 재창조란 1장 1절에서 완전한 창조를 했다. 그러나 1장 2절에서 천사의 타락으로 혼돈의 상태가 발생했다. 1장 3절부터 하나님은 재창조를 하신다. 재창조에 대한 근거는 이사야서 45장 18절의 "혼돈하게 창조하지 아니하시고"다. '혼돈하다'는 히브리어로 토후(tohu, תהו)라고 하는데, 창세기 1장 2절에 바로 이 토후, 즉 '혼돈하다'라는 단어가 나온 것이다. 토후는 영어로 void, formless, chaotic 등으로 번역한다. 또 어떤 번역들은 '하야'(hayah, היה) 동사를 상태(static)로 번역했으나(The earth was chaotic) 하야 동사는 능동(active)으로도 번역되므로 'The earth became chaotic'이 된다. 만약 능동으로 번역하면 혼돈하지 않았던 원래의 상태가 혼돈하게 되었다는 뜻이 된다. 따라서 이는 재창조를 인정하게 되는 것이다. 재창조가 나오게 된 중요한 원인 중 하나는 자연과학과 성경의 조화를 위해서다. 우주의 기원은 수억 년인데 성경에 따르면 인간 역사는 5-6천 년밖에 되지 않기 때문이다. 물론 성경이 덜 중요한 인물과 사건을 생략하고 구속사적인 큰 사건과 인물을 중심으로 기록했다 할지라도 이 큰 간격을 설명하기는 어렵다. 그러나 정통 복음주의 신학자들은 재창조를 인정하지 않고 처음 창조된 우주가 아직 인간을 비롯한 많은 생명체들로 채워지지 않았기 때문에 tohu, bohu(empty)로 본다. 유대인 중에는 하나님이 처음부터 천지를 tohu와 bohu로 창조하셨다고 말하는 사람들도 있다. 그렇지만 이것을 공적으로 말하지 말라고 충고한다. Gen. Rab. I,5.

20) St. Augustine, *The City of God*, tr. by M. Dods, New York 2006, Bk. XI, 24.
21) 창조 이야기는 바벨론의 서사시 에누마 엘리쉬(*Enuma Elish*)에도 나온다. 이 시는 7개의 서판(tablet)에 기록되어 있다.
22) T. H. Epp, *The God of Creation, Vol. 1*, Nebraska 1972, p. 14.
23) Gen. Rab. 1,1.
24) Gen. Rab. IV, 6; G. von Rad, *Genesis. A Commentary*, tr. by J. H. Marks, London 1972, p. 53; F. Delitzsch, *New Commentary on Genesis, Vol. 1*, tr. by S. Taylor, Minnesota 1978, p. 87f; G. J. Wenham, *Word Biblical Commentary: Genesis 1-15, Vol. 1*, Texas 1987, p. 19; V. P. Hamilton, *The Book of Genesis: Chapters 1-17*, Michigan 1990, p. 124.
25) Rashi, *Bereishis/Genesis*, tr. by Y. I. Z. Herczeg, New York 1995, p. 6.
26) Gen. Rab. XIV, 7; Rosh. 11a.
27) 2:20; 3:17, 21; 4:25; 5:3-5 등은 고유명사로 사용된 예다.
28) 1:27-28에서 말하는 사람도 종의 이름으로서의 아담이다.
29) Eruv. 18a; Gen. Rab. XIV, 1.
30) E. J. Young, *In the Beginning: Genesis Chapter 1 to 3 and the Authority of Scripture*, Pennsylvania 1976, p. 51. 그러나 유대인 전승에 의하면, 여섯째 날에만 the가 붙은 것은 거룩한 안식일 전날이기 때문이라고 한다. Gen. Rab. IX, 14.
31) 6일 동안의 창조의 기간 중 둘째 날부터 여섯째 날까지는 히브리어 원문에서 둘째 (second) 날 등 서수(ordinal number)를 사용했는데 첫날만은 한 날(one day)이라는 기수(cardinal number)를 사용했다. 아직까지는 천사나 인간도 창조되지 않고 하나님 혼자 계시기 때문에 하나님도 고독하셔서 one을 사용했다고 한다. Gen. Rab. III, 8; Rashi ibid, p. 4-5. 그러나 기독교는 삼위일체의 하나님을 믿기 때문에

창조 이전이라도 하나님이 고독하시다는 것은 맞지 않는 것 같다. 요한복음 17장 24절에 보면 하나님은 천지 창조 전에 아들을 사랑하셨다고 한다. 쉐퍼도 천지 창조 이전에 이미 사랑과 교제가 본질적으로 존재하고 있었다고 말한다. F. A. Schaeffer, Genesis in Space and Time. The Flow of Biblical History, Illinois 1972, p. 22.

32) G. von Rad, ibid, p. 57; 또 2장 3-4절과 5장 1-2절에서도 바라 동사가 사용되었다.

33) Sanh. 38b.

34) 1장 24-25절에서는 동물이 하나님의 말씀을 통해 창조되었다고 했다. 하지만 2장 19절은 동물들(들짐승과 공중의 새들)도 하나님의 행동을 통해 흙으로 만들어졌다고 했다. 그러나 하나님은 생기를 불어넣지 않으셨고, 바라 동사도 사용되지 않았다.

35) Gen. Rab. XVII, 4.

36) Gen. Rab. I, 10; Cf. W. R. van der Zee, Ape or Adam?, tr. by G. M. Verschuuren, Massachusetts 1995, p. 11.

37) B. F. C. Atkinson, The Pocket Commentary of the Bible. The Book of Genesis, Chicago 1957, p. 42.

38) B. F. C. Atkinson, ibid, p. 42.

2장_ 창조의 절정: 하와

39) "Man, made according to the image of God, was an idea, or a genus, or a seal, perceptible only by the intellect, incorporeal, neither male nor female, imperishable by nature", Philo, On the Creation XLVI (134) in The Works of Philo, tr. by C. D. Yonge, Hendrickson Publishers 2002, p. 19; Gen. Rab. VIII, 1; Lev. Rab. XIV, 1; Eruv. 18a; Bera.61a; Sanh. 38b.

40) W. E. Phipps, Genesis and Gender. Biblical Myths of Sexuality and their Cultural Impact, New York 1989, p. 33.

41) Gen. Rab. VIII,1; Eruv. 18a; Kesu, 8a.

42) Ishah meaning woman was not actually derived from ish(איש) meaning man but rather from enash(אנש) also meaning man. S. D. Luzzatto, The Book of Genesis. A Commentary by ShaDaL, tr. by D. A. Klein, New Jersey 1998, p. 44.

43) A. L. Williams, The Common Expositor, N. Carolina 1948, p. 86.

44) S. R. Driver, The Book of Genesis, London 1911, p. 41.

45) P. Trible, God and the Rhetoric of Sexuality, Philadelphia 1978, p. 90.

46) E. J. van Wolde, A Semiotic Analysis of Genesis 2-3, The Netherlands 1989, p. 177, footnote 69.

47) P. Trible, ibid, p. 90; E. J. van Wolde, ibid, p. 177; R. Coggins, Introducing the Old Testament, Oxford 2001, p. 110f; R. L. Smith, Old Testament Theology. Its History, Method, and Message, Tennessee 1993, p. 248.

48) D. J. A. Clines, What Does Eve Do to Help?, in JSOT #94, Sheffield 1990, p. 35; P. Birds, Genesis!-III as Source for a Contemporary Theology of Sexuality, in Ex Auditu Vol. 3(1987), p. 38; H. Gunkel, Genesis, tr. by M. E. Biddle, Georgia 1997, p. 12; F. Watson, Strategies of Recovery & Resistance: Hermeneutical Reflections

on *Genesis 1-3 and its Pauline Reception*, in JSNT #45(1992), p. 99.

49) Gen. Rab. XVII, 3; Yeva. 63a; Cf. S. Z. E. Grafstein, *Judaism's Bible, Vol. One: The Book of Genesis*, New Jersey 1999, p. 66f.

50) S. R. Driver, *ibid*, p. 41; E. J. van Wolde, *ibid*, p. 177.

51) S. R. Hirsch, The Pentateuch. The Hirsch Commentary, tr. by G. Hirschler, New York 1997, p. 15.

52) *Matthew Henry's Commentary on the Whole Bible, Vol. 1*, Michigan 1976, p. 12.

53) Gen. Rab. XVIII, 2.

54) P. Trible, *ibid*, p. 98-99.

55) S. Terrien, *Toward a Biblical Theology of Womanhood*, in Religion in Life, Vol. XLII, 1973(Autumn), p. 325.

56) NASB, *Quick Study Bible*, 2006, p. 37.

3장_ 창조의 안식과 영원한 안식

57) St. Augustine, *Confessions*, tr & ed. by H. H. Taylor, in The Library of Christian Classics Vol. VII, London, Bk. XI, Ch. 12. 지옥은 히브리어로 스올(Sheol, שְׁאוֹל)이라 하는데, 창세기 37장 35절에 처음 나온다. 이 스올은 '질문하다' 라는 솨알(shaal) 동사에서 유래한다. 유대 랍비 쿠퍼(D. A. Cooper)에 따르면, 솨알은 결코 답을 얻지 못하는 쓸데없는 질문을 되풀이하는 것을 의미한다. 쿠퍼는 일례로 민수기 16장을 든다. 고라와 그와 연합한 무리들이 모세와 아론을 향해, 어찌하여 하나님이 당신들만 제사장을 삼고 우리는 아니냐는 쓸데없는 질문을 계속 던지다가 스올(음부, 지옥)에 빠져 들어가 멸망한 사건이다. D. A. Cooper, *God is a Verb, Kabbalah and the practice of mystical Judaism*, New York 1997, p. 322.

58) M. Luther, *Lectures on Genesis Chapters 1-5*, tr. by G. V. Schick, Missouri 1958, p. 10f.

59) Philo, *On the Creation*, in The Works of Philo, tr. by C. D. Yonge, Hendrickson Pub, 2002, Ch. VII, 28ff; M. Linetsky, *Rabbi S. Gaon's Commentary on the Book of Creation*, New Jersey 2002, p. 122, n. 11; Ecc. 18:1-3; Rashi, *Bereishis/Genesis*, tr. by Y. I. Z. Herczeg, New York 1995, p. 14.

60) 한 번에 다 창조하셨다는 견해에 대해서 어거스틴은 다음과 같이 쓰고 있다. "하나님의 일에는, 비록 그분의 일들 속에서 보이기는 하지만 시간의 간격이 없다. 천지 창조 시 사물들이 시간의 간격을 가지고 먼저 창조되기도 하고 나중에 만들어지기도 하는데, 이 시간의 간격이 없이는 하나님의 창조 이야기가 있을 수 없다." St. Augustine, *On the Literal Interpretation of Genesis: An Unfinished Book*, tr. by R. J. Teske, Washington, D. C. 1991, Ch. 9:31; Cf. 7:28.

61) N. Scherman, *The Chumash: The Torah*, New York 2000, p. 4, 7.

62) G. J. Wenrudam, *Word Biblical Commentary: Genesis 1-15, Vol. 1*, Texas 1987, p. 19.

63) M. Zlotowitz, *Bereishis/Genesis Vol. 1*, New York 1977, p. 81.

64) St. Jerome, *Hebrew Questions on Genesis*, tr. by C. T. R. Hayward, Oxford 1995, p. 31.

65) Gen. Rab. X, 9.

66) E. Young, *In the Beginning: Genesis Chapter 1 to 3 and the Authority of Scripture*, Pennsylvania 1976, p. 60-61.

67) M. Zlotowitz, *ibid*, p. 82.

68) St. Augustine, *Eighty-three Different Questions*, tr. by D. L. Mosher, Washington, D.C. 1982, Que. 58:2; *The City of God*, Bk. XX, 7; XXII, 30; *On the Psalms, Vol. 1*, tr. by S. Hebgin and F. Corrigan, New York 1960, p. 61-62.

4장_ 에덴동산

69) D. A. Cooper, *God is a Verb. Kabbalah & the Practice of Mystical Judaism*, New York 1997, p. 42.

70) J. L. McKenzie, *The Literary Characteristics of Genesis 2-3*, in Theological Studies, Vol. XV (Dec.1954), p. 555; Cf. *Myth and Old Testament*, in The Catholic Biblical Quarterly #21 (1959), p. 265-282.

71) Gen. Rab. XI, 9; XII, 5; XV, 3; XXI, 9; St. Ephrem, *Selected Prose Works*, tr. by E. G. Mathews, Jr., Washington, D. C. 1994, p. 99; Jub. 2:7.

72) St. Jerome, *Hebrew Questions on Genesis*, tr. by C. T. R. Hayward, Oxford 1995, p. 31.

73) J. Calvin, *Commentaries on the Book of Genesis, Vol. 1*, tr. by J. King, Michigan, p. 113f.

74) St. John of Damascus, *Writings: the Orthodox Faith*, tr. by F. H. Chase, Jr., New York 1958, Bk. 2:11; G. von Rad, *Genesis*, tr. by M. E. Biddle, Georgia 1997, p. 8; H. Moose, *In the Beginning*, New York 1966, p. 120f; C. Westermann, *Genesis. A Practical Commentary*, tr. by D. E. Green, Michigan 1987, p. 19; Gen. Rab. XVI, 4; T. Fretheim, *Creation, Fall and Flood. Studies in Genesis 1-11*, Minnesota 1969, p. 71.

75) H. Blocher, In the Beginning: The Opening Chapters of Genesis, tr. by D. G. Preston, Illinois 1984, p. 120.

76) Gen. Rab. XV, 1.

77) Gen. Rab. XIV, 8.

78) A. M. Goldstein, *The Eternal Heritage. An Anthology of Torah Thought, Genesis I*, New York 1986, p. 41-42.

79) S. Z. E. Grafstein, *Judaism's Bible, Vol. One*, New Jersey 1999, p. 64.

80) Cyprian, *The Baptismal Controversy*, tr. and ed. by S. L. Greenslade in The Library of Christian Classics, Early Latin Theology, Philadelphia, Letter 73:10.

81) J. S. Eriugena, *On the Division of Nature*, tr. by M. L. Uhlfelder, Indianapolis 1976, p. 266.

82) St. Augustine, *The City of God*, tr. by M. Dods, New York 2006, Bk. XIII, 21; *Two Books on Genesis Against the Manichees*, tr. by R. J. Teske, Washington, D. C. 1991, Bk. II, Ch. 25:38.

83) E. J. Young, *In the Beginning: Genesis Chapter 1 to 3 and the Authority of Scripture*, Pennsylvania 1976, p. 74.

5장_ 하나님의 첫 계명: 동산을 경작하며 지키라

84) E. J. van Wolde, *A Semiotic Analysis of Genesis 2-3*, The Netherlands 1989, p. 153-4.

85) H. J. Flanders, R. W. Crapps, D. A. Smith, *People of the Covenant*, New York 1973, p. 61.

86) F. Schleiermacher, *The Christian Faith*, tr. by H. R. Mackintosh and J. S. Stewart, Edinburgh 1976, p. 293-4.

87) E. J. van Wolde, *ibid*, p. 136-7 W. H. G. Thomas, *Genesis: a Devotional Commentary*, Michigan 1957, p. 41.

88) S. R. Driver, *The Book of Genesis*, London 1954, p. 55.

89) D. Bonhoeffer, *Letters and Papers from Prison*, ed. by E. Bethge, An Abridged Editions, SCM Press 1981, p. 140.

90) C. Westermann, *Creation*, tr. by J. J. Scullion, London 1981, p. 20.

91) M. Luther, *Lectures on Genesis Chapters 1-5*, tr. by G. V. Schick, Missouri 1958, p. 81.

6장_ 생명나무

92) Budde, *Urgeschichte*, 1883, p. 51-52, Quoted from H. Gunkel, *Genesis*, tr. by M. E. Biddle, Georgia 1997, p. 8.

93) H. Gunkel, *ibid*, p. 25.

94) J. Calvin, *Commentaries on the Book of Genesis, Vol. 1*, tr. by J. King, Michigan, p. 116.

95) M. Luther, *Lectures on the Book of Genesis, Chapters 1-5*, tr. by G. V. Schick, Missouri 1958, p. 95.

96) J. Calvin, *ibid*, p. 184.

97) M. Luther, *ibid*, p. 226, 95.

98) M. Linetsky, *Rabbi S Gaon's Commentary on the Book of Creation*, New Jersey 2002, p. 164f; A. I. Ezra, *Commentary on the Creation*, tr. by M. Linetsky, New Jersey 1998, p. 81.

99) T. E. Fretheim, *Creation, Fall, and Flood: Studies in Genesis 1-11*, Minnesota 1969, p. 72ff; O. T. Allis, *God Spake by Moses*, New Jersey 1951, p. 19; R. Gordis, *The Knowledge of Good and Evil in the OT and the Qumran Scrolls*, in JBL #76 (1957), p. 130.

100) St. Augustine, *The Literal Meaning of Genesis, Vol. 2*, tr. by J. H. Taylor, New York 1982, Bk. VIII, Ch. 4-5; F. Delitzsch, *New Commentary on Genesis, Vol. I*, tr. by S. Taylor, Minnesota 1978, p. 139, 172; G. Bush, *Notes on Genesis Vol. I*, Minnesota 1976, p. 56.

101) H. Blocher, *In the Beginning: The Opening Chapters of Genesis*, tr. by D. G. Preston, Illinois 1984, p. 124; D. MacDonald, *The Biblical Doctrine of Creation and the Fall*, Minnesota 1984, p. 471f.

102) H. Blocher, *ibid*, p. 123; St. Augustine, *ibid*, Bk. VIII, Ch. 4-5.

103) T. E. Fretheim, *ibid*, p. 72; J. Murray, *Collected Writings*, Vol. 2, Pennsylvania

1977, p. 48; F. Delitzsch, *ibid*, p. 172.

104) M. Luther, *ibid*, p. 3.

105) A. L. Williams, *The Common Expositor. An Account of the Commentaries on Genesis*, N. Carolina 1948, p. 119.

7장_ 선악과나무

106) Rashi, *Bereishis/Genesis*, tr. by Y. I. Z. Herezeg, New York 1995, p. 33; S. Z. E. Grafstein, *Judaism's Bible, Vol. One: The Book of Genesis*, New Jersey 1999, p. 78 n. 248.

107) St. Augustine, *The Literal Meaning of Genesis*, tr. by J. H. Taylor, New York 1982, Bk. VIII, 15; *The City of God*, tr. by M. Dods, New York 2006, Bk. XIV, 17.

108) Quoted from A. L. Williams, *The Common Expositor, An Account of the Commentaries on Genesis*, N. Carolina 1948, p. 106-7.

109) D. Bonhoeffer, *Creation and Fall*, tr. by J. C. Fletcher, London 1966, p.51.

110) Gen. Rab. XVI, 6.

111) Sanh. 56b.

112) D. Bonhoeffer, *ibid*, p. 51-53.

113) T. E. Fretheim, *Creation, Fall, and Flood: Studies in Genesis 1-11*, Minnesota 1969, p.76-77.

114) H. Blocher, *In the Beginning: The Opening Chapters of Genesis*, tr. by D. G. Preston, Illinois 1984, p. 122.

115) Sanh. 56b.

116) H. Gunkel, *Genesis*, tr. by M. E. Biddle, Georgia 1997, p. 11.

117) H. Gunkel, *ibid*, p. 10; W. Zimmerli, *Old Testament Theology in Outline*, tr. by D. E. Green, Edinburgh 1978, p. 172.

118) R. E. Friedman, *Commentary on the Torah*, New York 2001, p. 19; Gen. Rab. XXI, 7.

119) I. Knohl, *The Divine Symphony*, Philadelphia 2003, p. 39.

120) R. P. Bulka, *Torah Therapy*, New York 1983, p. 3.

121) N. P. Williams, *The Ideas of the Fall and of Original Sin*, London 1927, p. 43.

122) I. Knohl, *ibid*, p. 40.

123) B. F. C. Atkinson, *The Pocket Commentary of the Bible. The Book of Genesis*, Chicago 1957, p. 42-43; Cf. B. Jacob, *The First Book of the Bible: Genesis*, tr. by E. I. & W. Jacob, New York 1974, p. 19; M. Zlotowitz, *Bereishis/Genesis, Vol. I*, New York 1977, p. 95-6.

124) J. Murray, *Collected Writings*, Vol. 2, Pennsylvania 1977, p.48.

125) F. A. Schaeffer, *Genesis in Space and Time. The Flow of Biblical History*, Illinois 1972, p. 114.

126) F. A. Schaeffer, *ibid*, p. 111; Cf. St. Augustine, *Enchiridion*, tr. & ed. by A. C. Outler, in The Library of Christian Classics Vol. VII, London, Ch. XXVIII, 108.

127) B. F. C. Atkinson, *ibid*, p. 42-43.

2부 타락
8장_ 유혹의 선동자: 뱀

128) J. Calvin, *Commentaries on the Book of Genesis*, Vol. 1, tr. by J. King, Michigan, p. 145.

129) J. Calvin, *ibid*, p. 145.

130) F. Josephus, *Antiquites of the Jews*, in The Complete Works of Flavius-Josephus, tr. by W. Whiston, Chicago, Bk. 1, Ch. 1:4.

131) Gen. Rab. XIX, 1.

132) B. F. C. Atkinson, *The Pocket Commentary of the Bible. The Book of Genesis*, Chicago 1957, p. 43.

133) St. Augustine, *Two Books On Genesis Against the Manichees*, tr. by R. J. Teske, Washington D. C. 1991, Bk. 2 Ch. 14:20; M. Zlotowitz, *Bereishis/Genesis Vol. 1*, New York 1977, p. 16f; S. R. Driver, *The Book of Genesis*, London 1911, p. 47f.

134) Kidd. 30b.

135) Gen. Rab. IX, 7; M. Zlotowitz, *ibid*, p. 78.

136) Gen. Rab. XIX, 9; Zohar, Vol. I, 36b; A. M. Goldstein, *The Eternal Heritage. An Anthology of TorahThought, Genesis I*, New York 1986, p. 49; M. Zlotowitz, *ibid*, p. 189; S. Z. E. Grafstein, *Judaism's Bible, Vol. One: The Book of Genesis*, New Jersey 1999, p. 65 n. 179.

137) Gen. Rab. XXVII, 4.

138) F. R. Tennant, *The Sources of the Doctrines of the Fall and Original Sin*, Cambridge 1903, p. 170f.

139) E. E. Urbach, *The Sages*, tr. by I. Abrahams, Jerusalem 1975, p. 472.

140) J. Calvin, *ibid*, p. 141.

141) F. A. Schaeffer, *Genesis in Space and Time*, Illinois 1972, p. 79.

142) R. Rendtorff, *Canon and Theology*, tr. by M. Kohl, Minneapolis 1993, p. 33; J. D. Levenson, *Sinai and Zion: An Entry into the Jewish Bible*, Minneapolis 1985, p. 8; N. M. Sarna, *Understanding Genesis*, New York 1972, xvii-xxx.

9장_ 유혹의 과정

143) P. Tillich, *Systematic Theology Vol. Two: Existence and the Christ*, Chicago 1957, p. 49.

144) P. Tillich, *ibid*, p. 35.

145) A. M. Goldstein, *The Eternal Heritage. An Anthology of Torah Thought, Genesis I*, New York 1986, p. 55.

146) Gen, Rab.XIX, 4.

147) G. von Rad, *Genesis*, tr. by J. H. Marks, London 1961, p. 86.

148) M. Luther, *Lectures on Genesis, Chapters 1-5*, tr. by G. V. Schick, Missouri 1958, p. 156.

149) H. Cox, *When Jesus came to Harvard*, Boston-New York 2006, p. 68-9, 74.

150) H. Gunkel, *Genesis*, tr. by M. E. Biddle, Georgia 1997, p. 16; Cf. W. Zimmerli, *Old Testament Theology in Outline*, tr. by D. E. Green, Edinburgh 1978, p. 17f.

151) B. Jacob, *The Frist Book of the Bible: Genesis*, tr. by E. I. & W. Jacob, New York 1974, p. 23.

10장_ 타락

152) F. Schleiermacher, *The Christian Faith*, tr. by H. R. Mackintosh and J. S. Stewart, Edinburgh 1976, Ch. 54:2, 82:2.

153) St. Augustine, *De Correptione et gratia(Admonition and Grace)*, tr. by J. C. Murray, in The Fathers of the Church, Vol. 4, New York 1947, Ch, 11:31-12:33; *The City of God*, tr. by M. Dods, New York 2006, Bk. 22:30.

154) Lyra, quoted from F. Schleiermacher, *ibid*, p. 294.

155) T. Aquinas, *Summa Theologia 1a2*∞, Question 81, Article 2.

156) A. M. Dubarle, *The Biblical Doctrine of Original Sin*, tr. by E. M. Stewart, London 1964, p. 243.

157) M. Luther, *Lectures on Genesis, Chapters 1-5*, tr. by G. V. Schick, Missouri 1958, p. 164f.

158) H. Gunkel, *Genesis*, tr. by M. E. Biddle, Georgia 1997, p. 15.

159) J. Calvin, *Commentaries on the Book of Genesis, Vol. I*, tr. by J. King, Michigan, p. 156.

160) M. Luther, *ibid*, p. 70, 81-82.

161) 2 Enoch. 32:1; Jub. 3:15, 17.

162) Gen. Rab. XII, 6; XVIII, 6; XXI, 7.

163) G. W. F. Hegel, *Vorlesungen ueber die Philosophie der Religion II*, Frankfurt 1969, p. 256f.

164) C. Westermann, *Creation*, tr. by J. J. Scullion, London 1974, p. 93; D. F. Sawyer, God, *Gender and the Bible*, London 2002, p. 18, 25.

165) P. Tillich, *Systematic Theology, Vol. Two*, Chicago 1957, p. 30.

166) 유대인 신학자 허쉬(Hirsch)의 번역도 "Their eyes were opened and they became enlightened"이다. S. R. Hirsch, *The Pentateuch*, tr. by G. Hirschler, New York 1997, p. 18 Cf. B. Jacob, *The First Book of The Bible: Genesis*, tr. by E. I. & W. Jacob, New York 1974, p. 39.

167) N. P. Williams, *The Ideas of the Fall and of Original Sin*, London 1927, p. 49; F. R. Tennant, *The Sources of the Doctrine of the Fall and Original Sin*, Cambridge 1903, p. 4.

168) B. W. Anderson, *Unfolding Drama of the Bible*, Minneapolis 1988, p. 24-25.

169) H. Gunkel, *ibid*, p. xiiif, 29; O, Kaiser, *Introduction to the Old Testament*, tr. by J. Sturdy, Minnesota 1977, p. 49.

170) F. Schleiermacher, *ibid*, Ch. 80:2, Ch. 82:2, Ch. 89:2-3.

171) J. Calvin, *Institute of the Christian Religion*, tr. by F. L. Battles, Philadelphia, Bk. 3, Ch. 23, sec. 8.

172) J. Calvin, *ibid*, Bk. 3, Ch. 23, sec. 8.

173) E. W. Hengstenberg, *Christology of the Old Testament*, Michigan 1970, p. 18.

174) M. Luther, *The Bondage of the Will*, tr. by P. S. Watson, in The Library of

Christian Classics, Philadelphia/London, p. 200-201.

175) M. Luther, *ibid*, p. 201.

176) J. Murray, *Collected Writings Vol. 2*, Pennsylvania 1977, p. 72-76.

11장_ 인간의 의: 무화과나무 잎으로 만든 옷

177) M. Luther, *Lectures on Genesis, Chapters 1-5*, tr. by G. V. Schick, Missouri 1958, p. 166.

178) H. Gunkel, *Genesis*, tr. by M. E. Biddle, Georgia 1997, p. 14.

179) St. Augustine, *The City of God*, tr. by M. Dods, New York 2006, Bk. XIV, 19, 26.

180) M. Luther, *ibid*, p. 117.

181) N. P. Williams, *The Ideas of the Fall and of Original Sin*, London 1927, p. 366.

182) St. Augustine, *On Marriage and Concupiscence*, tr. by R. E. Wallis & P. Holmes, Bk. 1, Ch. 1; Bk. 2, Ch. 52.

183) T. E. Fretheim, *Creation, Fall and Flood*, Minnesota 1969, p. 74.

184) C. Westermann, *Genesis. A Practical Commentary*, tr. by D. E. Green, Michigan 1987, p. 21.

185) M. Luther, *ibid*, p. 168.

186) M. Luther, *ibid*, p. 167-168.

187) E. Young, *In the Beginning: Genesis Chapter 1-3 and the Authority of Scripture*, Pennsylvania 1976, p. 103-104.

188) B. F. C. Atkinson, *The Pocket Commentary of the Bible. The Book of Genesis*, Chicago 1957, p. 45.

189) J. S. Eriugena, *On the Division of Nature*, tr. by M. I. Uhlfelder, Indianapolis 1976, p. 267.

190) Sanh. 70b.

191) E. Young, *ibid*, p. 103.

192) B. F. C. Atkinson, *ibid*, p. 45-46.

193) H. M. Morris, *The Genesis Record*, Michigan 1977, p. 116.

12장_ 하나님의 심판

194) Gen. Rab. XX, 2; Cf. Sanh. 29a.

195) 모리스는 그러한 사고를 다음과 같이 설명한다. 모든 동물들은 인간의 지배 영역에 속해 있으므로, 아담의 죄로 말미암아 죽음이 이 세상에 들어올 때 죽음의 선고에 함께 감염되었다. H. M. Morris, *The Genesis Record*, Michigan 1977, p. 119.

196) T. E. Fretheim, *Creation, Fall, and Flood: Studies in Genesis 1-11*, Minnesota 1969, p. 87; S. R. Driver, *The Book of Genesis*, London 1911, p. 47.

197) Gen. Rab. XX, 5.

198) M. Zlotowitz, *Bereishis/Genesis Vol. I*, New York 1977, p. 128.

199) N. P. Williams, *The Ideas of the Fall and of Original Sin*, London 1927, p. 46.

200) Eruv. 100b; Gen. Rab. XX, 6; H. G. Stigers, *A Commentary on Genesis*, Michigan 1976, p. 80.

201) Sanh. 38b; W. G. Plaut, *The Torah I, Genesis*, New York 1974, p. 31.

202) B. Jacob, *The First Book of the Bible: Genesis*, tr. by E. I. & W. Jacob, New York 1974, p. 29-30.

203) Rashi, *Bereishis/Genesis*, tr. by Y. I. Z. Herczeg, New York 1995, p. 37-38. Cf. T. E. Fretheim, *ibid*, p. 89; Nahmanides, *The Commentary of Nahmanides on Genesis, Chapters 1-6*, tr. by J. Newman, Leiden 1960, p. 78f.

204) F. Delitzsch, *New Commentary on Genesis, Vol. 1*, tr. by S. Taylor, Minnesota 1978, p. 166.

205) J. Calvin, *Commentaries on the Book of Genesis, Vol. 1*, tr. by J. King, Michigan, p. 172.

206) C. Westermann, *Creation*, tr. by J. J. Scullion, London 1974, p. 100-101.

207) P. Trible, *God and the Rhetoric of Sexuality*, Philadelphia 1978, p. 90.

208) M. Luther, *Lectures on Genesis Chapters 1-5 Vol. 1*, tr. by G. V. Schick, Missouri 1958, p. 204.

209) Gen. Rab. V, 9; N. Ramban, *Commentary on the Torah: Genesis*, tr. by C. B. Chavel, New York 1971, p. 41.

210) H. Gunkel, *Genesis*, tr. by M. E. Biddle, Georgia 1997, p. 22.

211) C. Westermann, *ibid*, p. 102.

212) Shab. 55a; St. Augustine, *Two Books On Genesis Against the Manichees*, tr. by R. J. Teske, Washington, D. C. 1991, Bk. II, ch. 28:42.

213) J. Calvin, *ibid*, p. 127, 180.

214) T. E. Fretheim, *ibid*, p. 85.

13장_ 사랑의 하나님과 심판의 하나님

215) M. Luther, *Lectures on Genesis Chapters 1-5*, tr. by G. V. Schick, Missouri 1958, p. 12.

216) J. Calvin, *Commentaries on The Book of Genesis Vol. 1*, tr. by J. King, Michigan, p. 72.

217) Sahn. 38b.

218) J. D. Levenson, *Sinai and Zion: An Entry into the Jewish Bible*, New York 1987, p. viii.

219) Yoma, 38b.

220) J. D. Levenson, *ibid*, p. viii.

221) Gen. Rab. XLIX, 9.

222) Gen. Rab. XII, 15.

223) St. Augustine, *The City of God*, tr. by M. Dods, New York 2006, Bk.I, 8.

224) Git. 56b. Notes 28.

225) I. Kant, *Kritik der Praktischen Vernunft. Grundlegung zur Metaphysik der Sitten*, in Immanuel Kant Werkausgabe VII, Frankfurt 1968, p. 254ff.

3부 구속사
14장_ 하나님의 첫 구속사적 부르심: "네가 어디 있느냐"

226) D. Bonhoeffer, *Creation and Fall. A Theological Interpretation of Genesis 1-3*, tr. by J. C. Fletcher, London 1966, p. 82; J. Calvin, *Commentaries on the Book of Genesis, Vol. I*, tr. by J. King, Michigan, p. 159.

227) C. Westermann, *Creation*, tr. by J. J. Scullion, London 1974, p. 97.

228) H. Gunkel, *Genesis*, tr. by M. E. Biddle, Georgia 1997, p. 19.

229) A. M. Goldstein, *The Eternal Heritage, An Anthology of Torah Thought, Genesis I*, New York 1986, p. 54.

230) Philo, *Questions and Answers on Genesis*, in The Works of Philo, tr. by C. D. Yonge, Hendrickson 2002, Bk. I:45.

231) Gen. Rab. XIX, 9.

232) Sahn. 38b.

233) A. C. van der Puy, *From Eden to Eternity*, Nebraska 1980, p. 34.

234) W. A. Gage, *The Gospel of Genesis, Studies in Protology and Eschatology*, Indiana 1984, p. 97.

235) T. H. Epp, *The God of Creation, Vol. I*, Nebraska 1972, p. 159f.

236) O. Cullmann, *Salvation in History*, tr. by S. Sowers, London 1967, p. 233.

237) St. Augustine, *The City of God*, tr. by M. Dods, New York 2006, Bk. XIV, 27.

238) R. K. Harrison, *Introduction to the Old Testament*, Michigan 1969, p. 300.

239) E. W. Hengstenberg, *Christology of the Old Testament*, Michigan 1970, p. 21.

240) F. A. Schaeffer, *Genesis in Space and Time. The Flow of Biblical History*, Illinois 1972, p. 111.

241) W. A. Gage, *ibid*, p. 97.

15장_ 첫 복음

242) P. Ellis, *The Men and the Message of the Old Testament*, Minnesota 1976, p. 351-355.

243) G. von Rad, *Genesis*, tr. by J. H. Marks, London 1972, p. 93; C. Westermann, *Creation*, tr. by J. J. Scullion, London 1974, p. 100.

244) W. A. Gage, *The Gospel of Genesis*, Indiana 1984, p. 13, n. 21.

245) J. Calvin, *Commentaries on the Book of Genesis*, tr. by J. King, Michigan, p. 170-171; H. Wolf, *AnIntroduction to the Old Testament Pentateuch*, Chicago 1991, p. 34f.

246) M. Luther, *Lectures on Genesis Chapters 1-5 Vol. I*, tr. by G. V. Schick, Missouri 1958, p. 195; F. A. Schaeffer, *Genesis in Space and Time*, Illinois 1972, p. 103-105; H. G. Stigers, *A Commentary on Genesis*, Michigan 1976, p. 78-79.

247) E. W. Hengstenberg, *Christology of the Old Testament and a Commentary on the Messianic Predictions*, Michigan 1970, p. 12-13.

248) 참고 구절들: 창 12:7, 13:15, 22:18, 24:7.

249) 또한 갈 3:8.

250) W. Eichrodt, *Theology of the Old Testament Vol. I*, tr. by J. Baker, London 1983,

p. 26.

251) W. A. Gage, *ibid*, p. 99.

252) J. Calvin, *ibid*, p. 171.

253) St. Augustine, *The City of God*, tr. by M. Dods, New York 2006, p. 572-573.

254) S. R. Driver, *The Book of Genesis*, p. 48, 57; G. von Rad, ibid, p. 93.

255) 참조: 마 22:41-46; 눅 20:41-44; 히 1:13.

256) W. A. Gage, *ibid*, p. 28.

16장_ 하나님의 의: 가죽옷

257) Sot. 14a.

258) Gen. Rab. XX, 12.

259) S. R. Driver, *The Book of Genesis*, London 1922, p. 50.

260) H. Gunkel, *Genesis*, tr. by M. E. Biddle, Georgia 1997, p. 23.

261) M. Luther, *Lectures on Genesis, Chapters 1-5*, tr. by G. V. Schick, Missouri 1958, p. 221.

262) J. Calvin, *Commentaries on the Book of Genesis, Vol. I*, tr. by J. King, Michigan, p. 182.

263) D. Bonhoeffer, *Creation and Fall. A Theological Interpretation of Genesis 1-3*, tr. by J. C. Fletcher, London 1966, p. 88.

264) T. H. Epp, *The God of Creation, Vol. I*, Nebraska 1972, p. 182; *The God of Creation, Vol. II*, Nebraska 1972, p. 11f; H. M. Morris, *The Genesis Record*, Michigan 1977, p. 130.

265) G. von Rad, *Old Testament Theology, Vol. 2*, tr. by D. M. G. Stalker, London 1982, p. 358.

266) W. A. Gage, *The Gospel of Genesis. Studies in Protology and Eschatology*, Indiana 1984, p. 102.

267) T. H. Epp, *ibid*, p. 182.

268) Gen. Rab. XVIII, 6.

269) F. Delitzsch, *New Commentary on Genesis, Vol. I*, tr. by S. Taylor, Minnesota 1978, p. 171.

270) B. F. C. Atkinson, *The Pocket Commentary of the Bible. The Book of Genesis*, Chicago 1957, p. 54.

271) Isa. 61:10, Job 29:14, Ps. 132:9.

17장_ 고난의 역사의 시작

272) Zohar 1, 36b.

273) M. Luther, *Lectures on Genesis, Ch. 1-5*, tr. by G. V. Schick, Missouri 1958, p. 223.

274) F. R. Tennant, *The Sources of the Doctrine of the Fall and Original Sin*, Cambridge 1903, p. 4.

275) N. P. Williams, *The Ideas of the Fall and of Original Sin*, London 1927, p. 25, 43-44; Herodotus, *The Persian Wars*, tr. by G. Rawlinson, in The Greek Historians,

Vol. 1, New York 1942, Bk. III: 40; Cf. I Enoch IX:6.

276) H. M. Morris, *The Genesis Record*, Michigan 1977, p. 131.

277) Gen. Rab, XXI, 7.

278) Rashi, *Bereishis/Genesis*, tr. by Y. I. Z. Herczeg, New York 1995, p. 40.

279) M. Luther, ibid, p. 231.

280) Rashi, *ibid*, p. 41.

281) J. Calvin, *Commentaries on the Book of Genesis, Vol. 1*, tr. by J. King, Michigan, p. 185; M. Luther, ibid, p. 230.

282) D. L. Moody, *Quiet Times with D. L. Moody*, Compiled by J. S. Bell, Jr. Chicago 2000, p. 64.

283) J. J. Davis, *Paradise to Prison*, Michigan 1975, p. 95.

284) H. C. Brichto, *The Names of God*, New York 1998, p. 96.

285) C. Westermann, *Creation*, tr. by J. J. Scullion, London 1971, p. 105.

18장_ 하나님의 구속사에 대한 아담과 하와의 신실한 응답

286) G. von Rad, *Old Testament Theology, Vol. I*, tr. by D. M. G. Stalker, London 1975, p. 355f, 121f.

287) Life of Adam and Eve, Vita 1-8.

288) A. Edersheim, *The Temple: Its Ministry and Services*, Peabody 1994, p. 242, n. 4.

289) Eruv. 18b, No. 23.

290) W. A. Gage, *The Gospel of Genesis*, Indiana 1984, p. 101.

291) J. Philips, *Explaining Genesis*, Chicago 1980, p. 62.

292) H. M. Morris, *The Genesis Record*, Michigan 1977, p. 134 C. M. Zorn, *The Whole Christian Doctrine in Genesis 1-5*, tr. by W. F. Docter, Ohio 1924, p. 90-91.

293) B. Jacob, *The First Book of The Bible: Genesis*, tr. by E. I. & W. Jacob, New York 1974, p. 34.

294) R. E. Friedman, *Commentary on the Torah*, New York 2001, p. 26.

295) J. C. K. von Hofmann, *Weissagung und Erfuellung im alten und im neuen Testamente Vol. 1*, Noerdlingen 1841-4, p. 15; O. Cullmann, *Christ and Time*, tr. by F. V. Filson, London 1951, p. 219.

19장_ 구속사의 완성을 향해서: 하나님 형상의 회복

296) Vita (Latin text).

297) B. Jacob, *The First Book of the Bible: Genesis*, tr. by E. I. & W. Jacob, New York 1974, p. 38; C. M. Zorn, *The Whole Christian Doctrine in Genesis 1-5*, tr. by W. F. Docter, Ohio 1924, p. 110.

298) M. Zlotowitz, *Bereishis/Genesis, Vol. 1*, New York 1977, p. 168.

299) J. Calvin, *Commentaries on the Book of Genesis, Vol. 1*, tr. by J. King, Michigan, p. 93-94; *Institutes of the Christian Religion*, tr. by F. L. Battles, Philadelphia, Bk. 1, Ch. 15:3.

300) J. Murray, *Collected Writings, Vol. 2*, Pennsylvania 1977, p. 34; Cf. 빌 2:7.

301) Quoted in V. P. Flint, *Strangers and Pilgrims. A Study of Genesis*, New Jersey 1988, p. 31.

302) R. E. Friedmann, *Commentary on the Torah*, New York 2001, p. 12.

303) G. J. Wenham, *Word Biblical Commentary Vol. 1, Genesis 1-15*, Texas 1987, p. 32. 이는 플라톤의 Idea와 Copy를 연상케 한다.

304) D. Bonhoeffer, *Creation and Fall. Temptation*, tr. by J. C. Fletcher, London 1966, p. 52.

305) H. J. Flanders, *People of the Covenant*, New York 1973, p. 79.

306) A. Harnack, *History of Dogma, Vol. 2*, New York 1958, p. 269-271.

307) G. von Rad, *ibid*, p. 147.

308) M. Luther, *Lectures on Genesis, Ch. 1-5*, tr. by G. V. Schick, Missouri 1958, p. 340f; J. Calvin, *ibid*, p. 228f; H. Blocher, *Original Sin*, Michigan 1999, p. 33; H. G. Stigers, *A Commentary on Genesis*, Michigan 1976, p. 95; H. M. Morris, *The Genesis Record*, Michigan 1977, p. 151; G. Bush, *Notes on Genesis, Vol. 1*, Minnesota 1976, p. 110; Zohar I, 55a.

309) J. Calvin, *Calvin's N. T. Commentaries, St. John, Vol. 18*, tr. by T. H. L. Parker, p. 63.

310) D. J. A. Clines, *The image of God in Man*, in Tyndale Bulletin #19 (1968), p. 95.

311) O. Cullmann, *Christ and Time*, tr. by F. V. Filson, SCM 1951, p. 84.

312) M. Luther, *ibid*, p. 64.

313) B. F. Atkinson, *The Pocket Commentary of the Bible. The Book of Genesis*, Chicago 1957, p. 23; H. M. Morris, *ibid*, p. 151; G. M. Lamsa, *Old Testament Light*, New York 1964, p. 27; M. Luther, *ibid*, p. 64; J. Calvin, *ibid, Vol. 1*, p. 93f.

에필로그

314) Quoted in Luther, *Lectures on Genesis, Ch. 1-5*, tr. by G. V. Schick, Missouri 1958, p. 3.

315) J. Calvin, *Commentaries on the Book of Genesis, Vol. I*, tr. by J. King, Michigan, p. 77.

316) M. Luther, *ibid*, p. 5.

317) P. Melanchthon, *Loci Communes Theologici*, ed. by W. Pauck, in The Library of Christian Classics, Melanchthon and Bucer, Philadelphia, p. 21.

318) J. C. K. von Hofmann, Weissagung und Erfuellung im alten und im neuen Testamente, Noerdlingen 1841-4, p. 46, 47; Enzyklopaedie der Theologie, Noerdlingen 1879, p. 225.

319) O. Cullmann, *Salvation in History*, tr. by S. Sowers, London 1967, p. 95.

320) M. L. Brown, *Answering Jewish Objections to Jesus*, Michigan 2000, p. 206.

321) J. Calvin, *Institutes of the Christian Religion*, tr. by F. L. Battles, Philadelphia, Bk. I, Ch. 7:5.

322) E. Young, *An Introduction to the Old Testament*, Michigan 1989, p. 26f.

323) G. L. Archer, Jr., *A Survey of Old Testament Introduction*, Chicago 1985, p. 33.

324) D. M. Lloyd-Jones, *Knowing the Times*, Pennsylvania 1989, p. 371f.
325) Cf. Jos. 5:15.